AUGENSCHMAUS
SEHEN. KOCHEN. ESSEN.

KATIE SHELLY

BOOKS

Impressum

First published in 2013 by Ulysses Press.
Copyright © 2014 by Katie Shelly.
Originaltitel: Picture Cook. See. Make. Eat.

Katie Shelly
Augenschmaus. Sehen. Kochen. Essen
ISBN 978-3-944296-58-6

Copyright © 2014 der deutschen Ausgabe
Edel Germany GmbH,
Neumühlen 17, 22763 Hamburg
www.edenbooks.de | www.facebook.com/EdenBooksBerlin | www.edel.com
1. Auflage 2014

Projektkoordination: Nina Schumacher
Korrektorat: Asta Machat
Umschlaggestaltung und Layout: Katie Shelly
Druck und Bindung: optimal media GmbH, Glienholzweg 7, 17207 Röbel/Müritz

Printed in Germany.

Dieses Buch ist auch als E-Book erhältlich.

INHALT

ALLES, WAS DU BRAUCHST, UM RICHTIG GUT ZU KOCHEN, FINDEST DU HIER. STARTE MIT DER LEGENDE UND DER EINFÜHRUNG IN DIE GRUNDTECHNIKEN, UM DICH MIT DEM BUCH VERTRAUT ZU MACHEN. AM ENDE FINDEST DU DANN NOCH EINE TABELLE ZUM UMRECHNEN INS METRISCHE SYSTEM.

UND VERGISS NICHT: DIE FOLGENDEN REZEPTE SIND NICHT ALS EXAKTE KULINARISCHE BLAUPAUSEN GEDACHT, SIE SOLLEN ALS INSPIRATION ZUM IMPROVISIEREN, EXPERIMENTIEREN UND SPAß IN DER KÜCHE HABEN DIENEN.

HAB SPAß & SEI FREI!

Katie

LEGENDE

KEINE
HITZE

NIEDRIGE
HITZE

NIEDRIGE
BIS
MITTLERE
HITZE

MITTLERE
HITZE

HOHE
HITZE

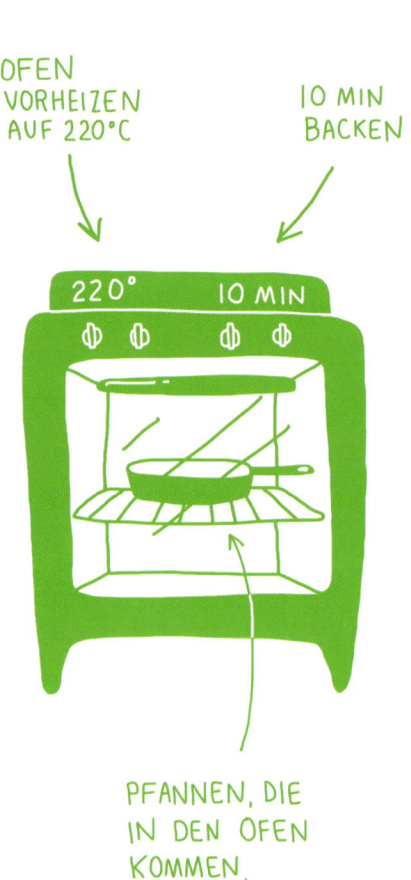

OFEN
VORHEIZEN
AUF 220°C

10 MIN
BACKEN

220°   10 MIN

PFANNEN, DIE
IN DEN OFEN
KOMMEN,
SOLLTEN ENTWEDER
GUSSEISERN ODER
"OFENFEST" SEIN.

FANG IN
DER NIEDRIGSTEN
STUFE AN UND ARBEITE
DICH LANGSAM HOCH.

FALLS ES KEINE
MENGENANGABEN
GIBT, ENTSCHEIDE
NACH GESCHMACK.

GRUNDTECHNIK:
KNOBLAUCH FEIN HACKEN

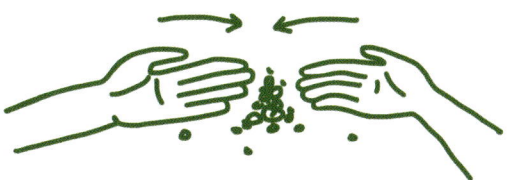

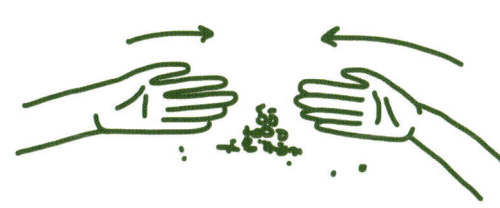

GRUNDTECHNIK:
ZWIEBEL HACKEN

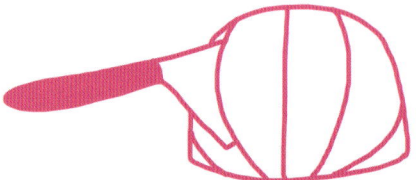

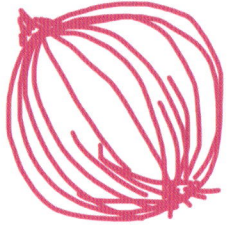

GRUNDTECHNIK:
AVOCADO TRANCHIEREN

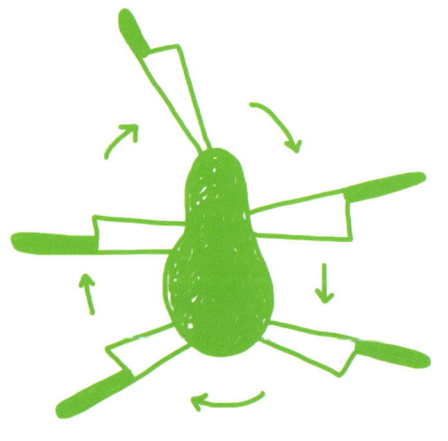

GRUNDTECHNIK:
RUNDE SACHEN WÜRFELN

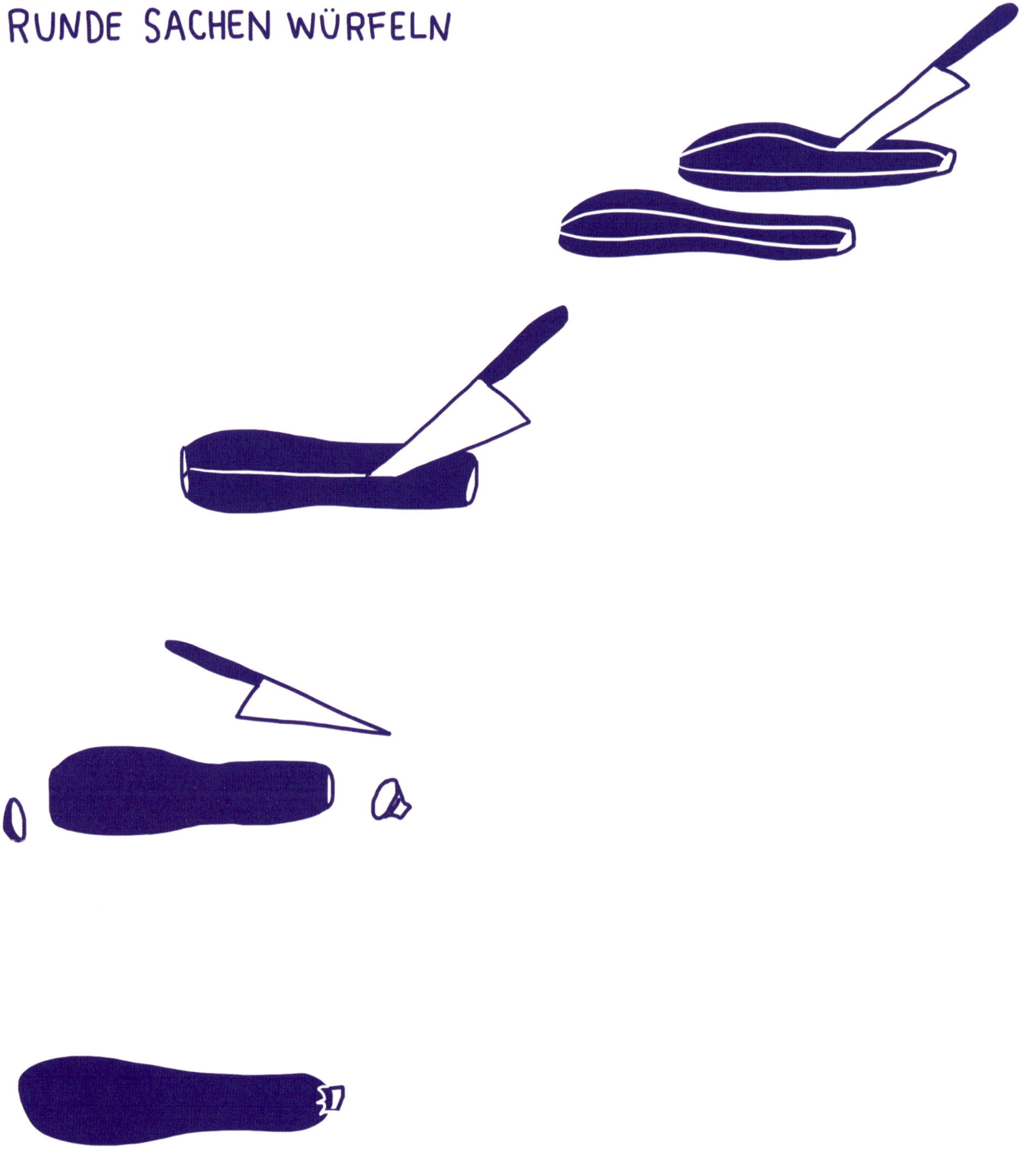

FRÜHSTÜCK

AVOCADO-TOAST

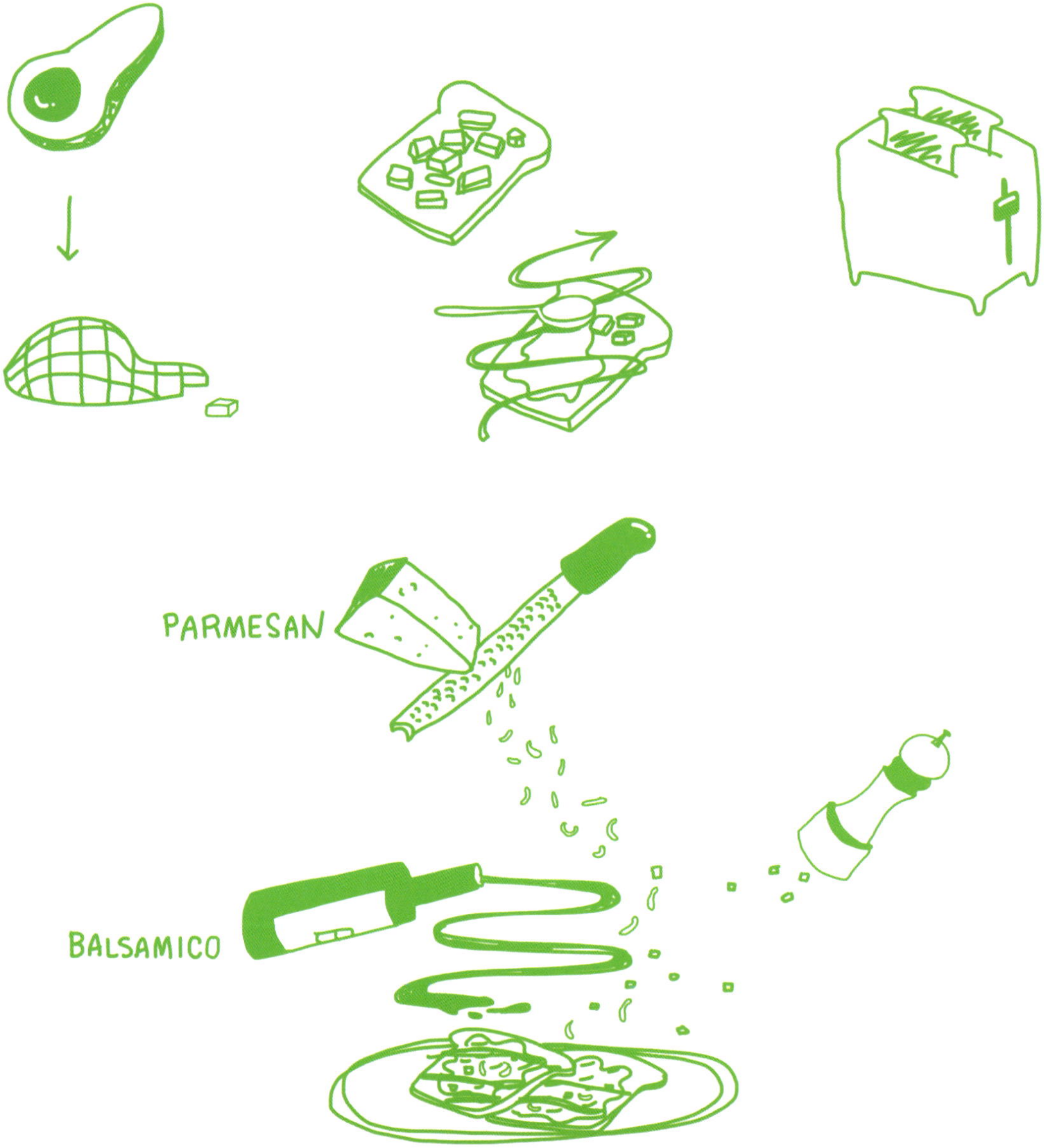

PARMESAN

BALSAMICO

 AVOCADO

IRGENDEIN BROT

 PARMESAN-KÄSE

 BALSAMICO-ESSIG

 PFEFFER

GLITZERTOAST

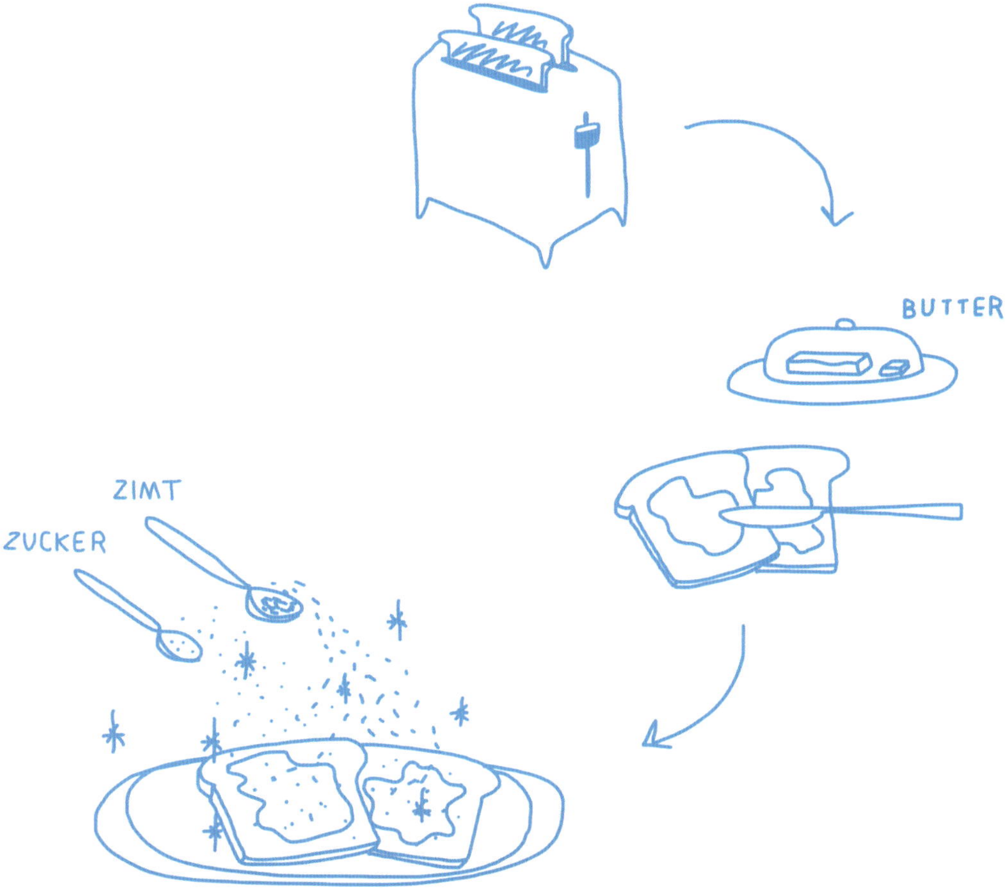

BUTTER

ZIMT

ZUCKER

 IRGENDEIN BROT  BUTTER ZUCKER ZIMT

ZAUBERHAFTE HAFERFLOCKEN

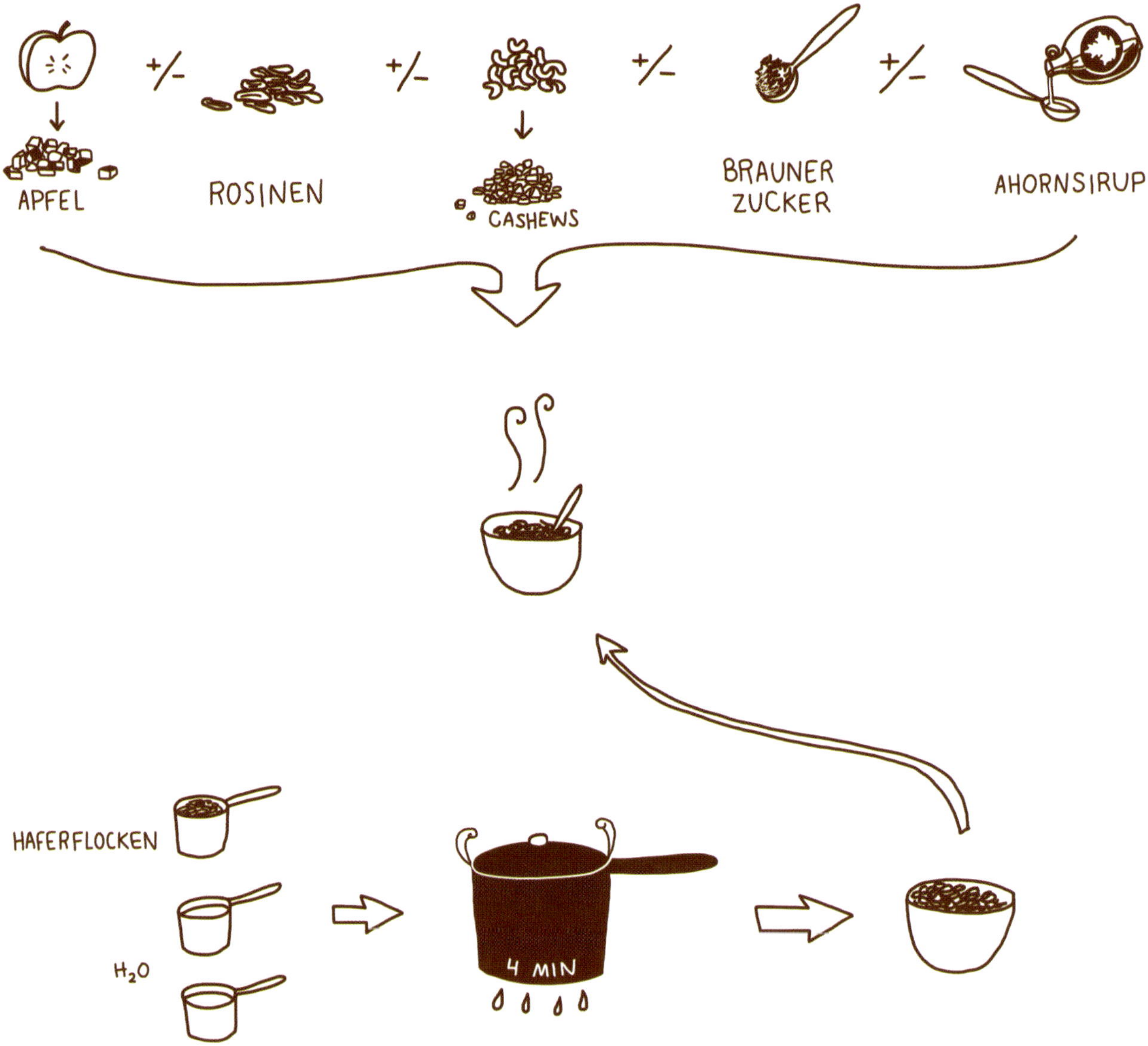
APFEL
+/-
ROSINEN
+/-
CASHEWS
+/-
BRAUNER ZUCKER
+/-
AHORNSIRUP
HAFERFLOCKEN
H_2O
4 MIN

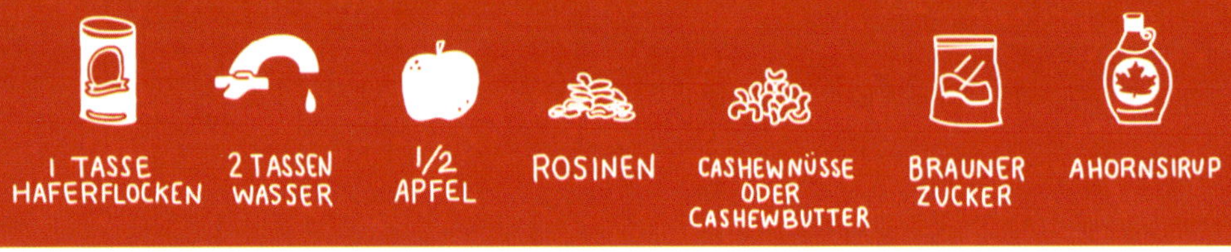
1 TASSE HAFERFLOCKEN
2 TASSEN WASSER
1/2 APFEL
ROSINEN
CASHEWNÜSSE ODER CASHEWBUTTER
BRAUNER ZUCKER
AHORNSIRUP

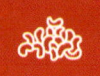

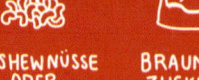

BRATKARTOFFELN

KARTOFFELN

60 g BUTTER

OFENFESTE
ODER EIN BACKBLECH

170°C   10 MIN

S & P

PAPRIKA   CHILI   CUMIN

PAPRIKAPULVER

ZWIEBEL   30 g BUTTER

7 MIN

2-3 KARTOFFELN,
SCHÄLEN OPTIONAL

90 g BUTTER

1 ZWIEBEL

1 PAPRIKA-
SCHOTE

1 CHILI-
SCHOTE

SALZ &
PFEFFER

PRISE CUMIN
& PAPRIKAPULVER

OMELETTE-IDEEN

CHEDDAR

ROSMARIN

GERIEBENER PARMESAN

HUMMUS (SEITE 82)

KORIANDER

GREYERZER KÄSE

GEHACKTE ZWIEBEL

KIRSCH-TOMATEN

GEHACKTE FRÜHLINGS-ZWIEBELN

KURZ ANGEBRATENE RIESEN-CHAMPIGNONS

ARTISCHOCKEN-HERZEN

KURZ ANGEBRATENER MANGOLD

CHILI (SEITE 32)

ZIMT

FETA

ROSINEN

GARAM MASALA

THYMIAN

GEHACKTE PAPRIKA

IN SCHEIBEN GESCHNITTENER APFEL

ZIEGEN-KÄSE

BROMBEEREN

CHANA MASALA (SEITE 43)

SAURE SAHNE

GEGRILLTER KÜRBIS

BRIE-KÄSE

SUPPEN
&
EINTÖPFE

JAPANISCHE DONNERSUPPE

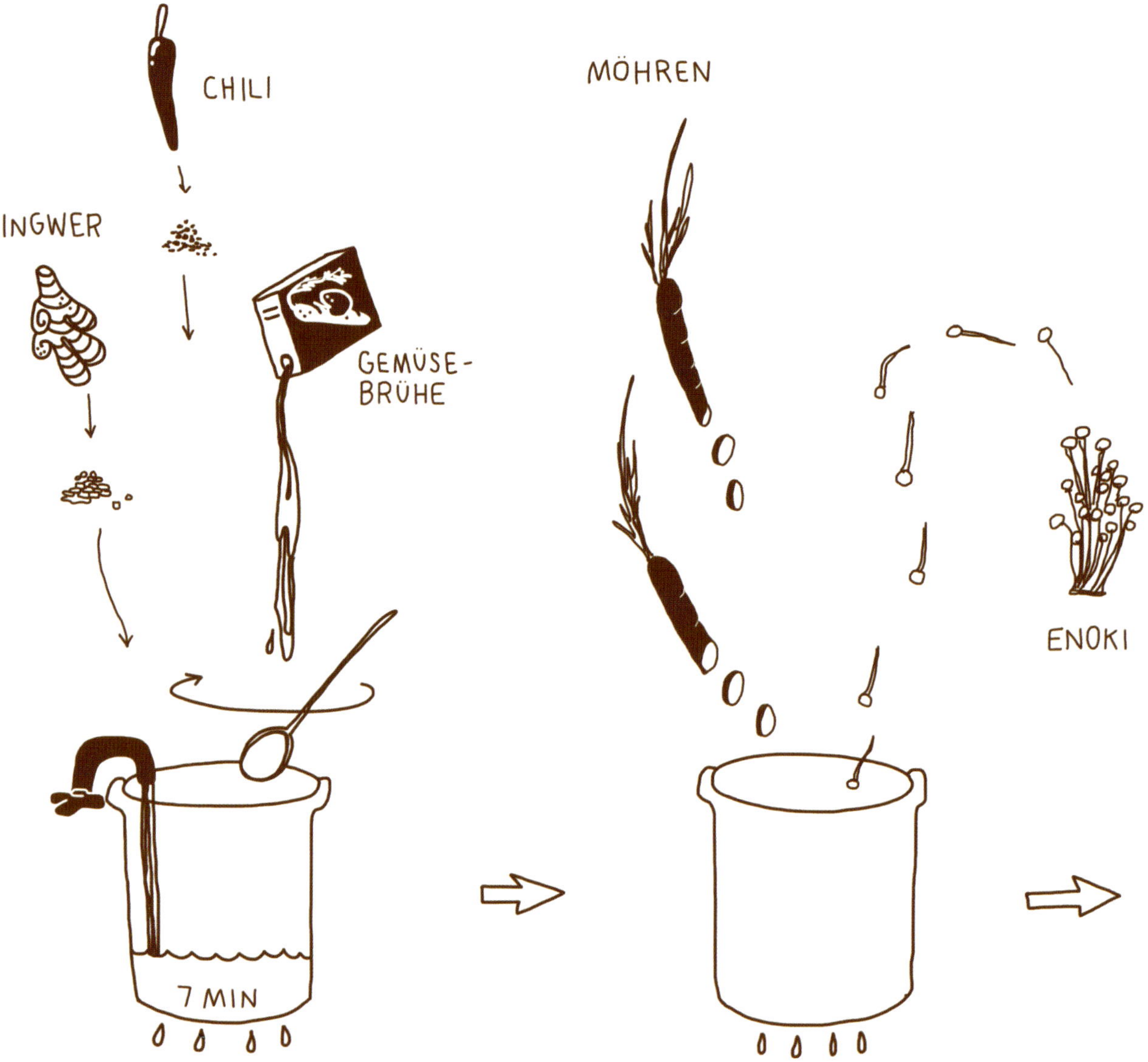

CHILI

INGWER

GEMÜSE-
BRÜHE

MÖHREN

ENOKI

7 MIN

CA. 4 TASSEN
WASSER

½ TASSE
FEIN GEHACKTER
INGWER

1 CHILISCHOTE

4 TASSEN
GEMÜSEBRÜHE

2
MÖHREN

2 TASSEN
ENOKI-
PILZE

ODER

2 TASSEN
ANDERE
PILZSORTE

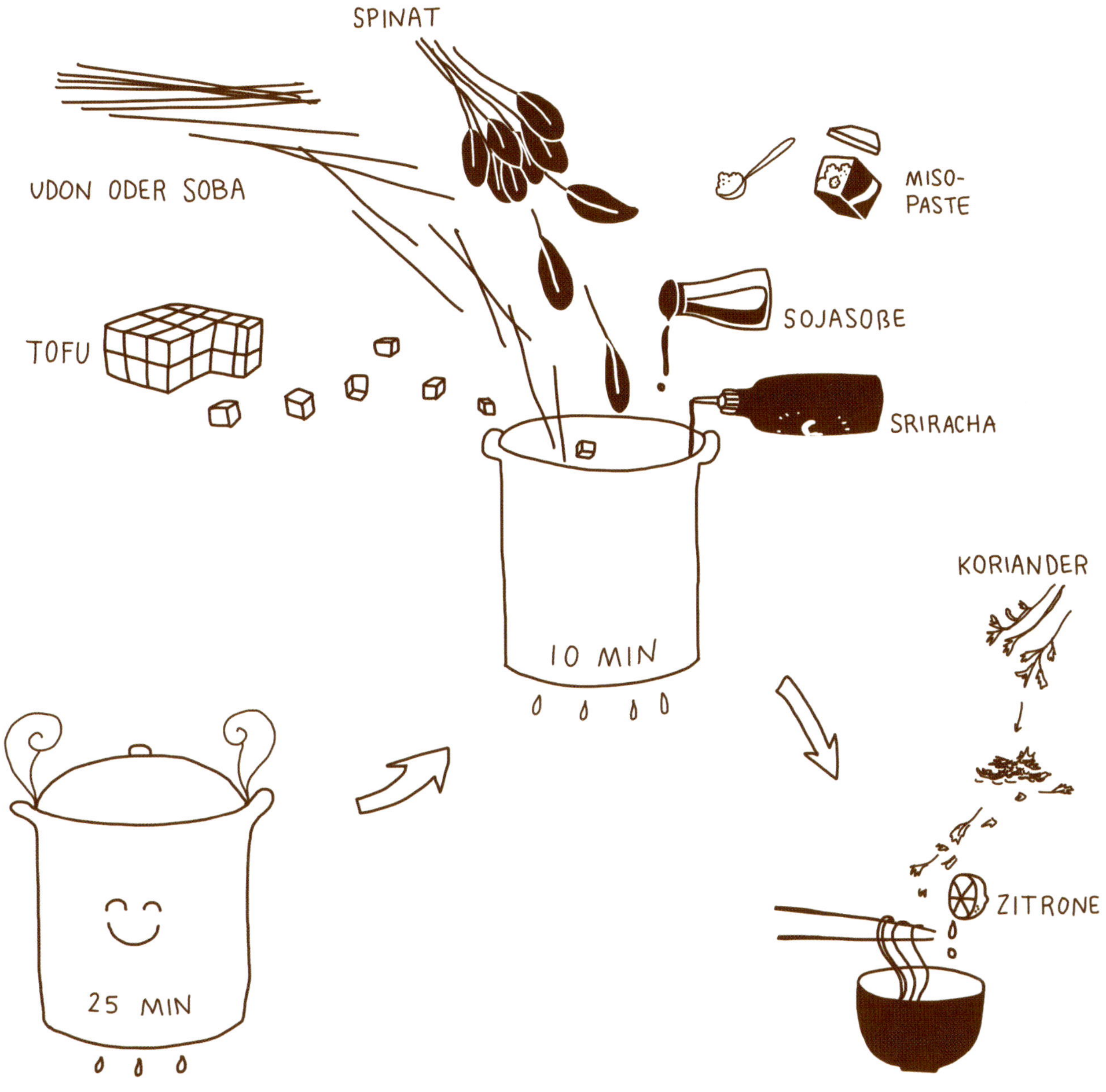

SPINAT

UDON ODER SOBA

MISO-PASTE

SOJASOBE

SRIRACHA

TOFU

10 MIN

KORIANDER

25 MIN

ZITRONE

 1 PACKUNG FESTER TOFU

 ½ PACKUNG UDON ODER SOBA-NUDLEN

 HANDVOLL SPINAT

 2 EL MISO-PASTE

 GROBZÜGIGER SCHUSS SOJASOBE

 SPRITZER SRIRACHA-SOBE (SCHARFE CHILISOBE)

 HANDVOLL FRISCHER KORIANDER

 ½ ZITRONE

Suppen & Eintöpfe 27

TIPP FÜR DEN NÄCHSTEN TAG: MIT DER ZEIT DICKEN DIE RESTE DER MÖHRENSUPPE EIN. DU KANNST SIE DANN MIT ETWAS WASSER NEU ERHITZEN ODER EINFACH DICKFLÜSSIG LASSEN UND MIT REIS ODER QUINOA HEISS SERVIEREN.

MÖHRENSUPPE

ZWIEBEL

GEMÜSE BRÜHE

KÖCHELN LASSEN BIS WEICH

CAYENNE

INGWER

(ODER MIT DEM STABMIXER)

CUMIN

ZIMT

OLIVENÖL

NELKEN

ZITRONE

S & P

15 MIN

 CA. 7 GROßE MÖHREN

 1 ZWIEBEL

 3 TASSEN GEMÜSE-BRÜHE

 JE 1 TL CUMIN, CAYENNEPFEFFER, ZIMT

 3/4 TASSE FEIN GEHACKTER INGWER

 CA. 3 NELKEN

 3 EL OLIVENÖL

 SALZ & PFEFFER

 1 ZITRONE

GAZPACHO

GURKE

TOMATE

ZWIEBEL

KNOBLAUCH

BASILIKUM

OLIVENÖL

ROT-
WEIN-
ESSIG

CUMIN

S&P

3
GURKEN

7 GROSSE
TOMATEN

½ ROTE
ZWIEBEL

3 KNOB-
LAUCHZEHEN

HANDVOLL
BASILIKUM

4 TASSEN
OLIVENÖL

½ TASSE
ROTWEINESSIG

PRISE CUMIN,
SALZ & PFEFFER

GURKENSUPPE

GURKEN

LIMETTE

DILL

JALAPEÑO

JOGHURT

S&P

EISWÜRFEL

CHILIPULVER

3
EISWÜRFEL

3
GURKEN

1
LIMETTE

1
JALAPEÑO

HANDVOLL
DILL

1 BECHER
JOGHURT
(OPTIONAL)

PRISE
CHILI-
PULVER

SALZ &
PFEFFER

SCHARFES CHILI

ZWIEBEL

KNOBLAUCH

JALAPEÑO

OLIVENÖL

3 MIN

RINDERHACK
(OPTIONAL)

CAYENNE

CHILIPULVER

PAPRIKAPULVER

CUMIN

SCHWARZER
PFEFFER

3 MIN

MAIS

ZUCCHINI

TOMATEN

MÖHRE

BOHNEN

GEHACKTE
TOMATE

PAPRIKA

40 MIN

CHEDDAR

OLIVENÖL

½
ZWIEBEL

3 KNOBLAUCH-
ZEHEN

3
JALAPEÑOS

JE 1 TL CUMIN,
PFEFFER, PAPRIKAPULVER,
CAYENNEPFEFFER &
CHILIPULVER

400 g
GEHACKTE
TOMATEN

400 g
BOHNEN

2
TOMATEN

1
MAIS-
KOLBEN

1
ZUCHINNI

1
MÖHRE

1 ROTE
PAPRIKA

½ STÜCK
CHEDDAR

NORDAFRIKANISCHER EINTOPF

ADAPTIERT VON NORECIPES.COM

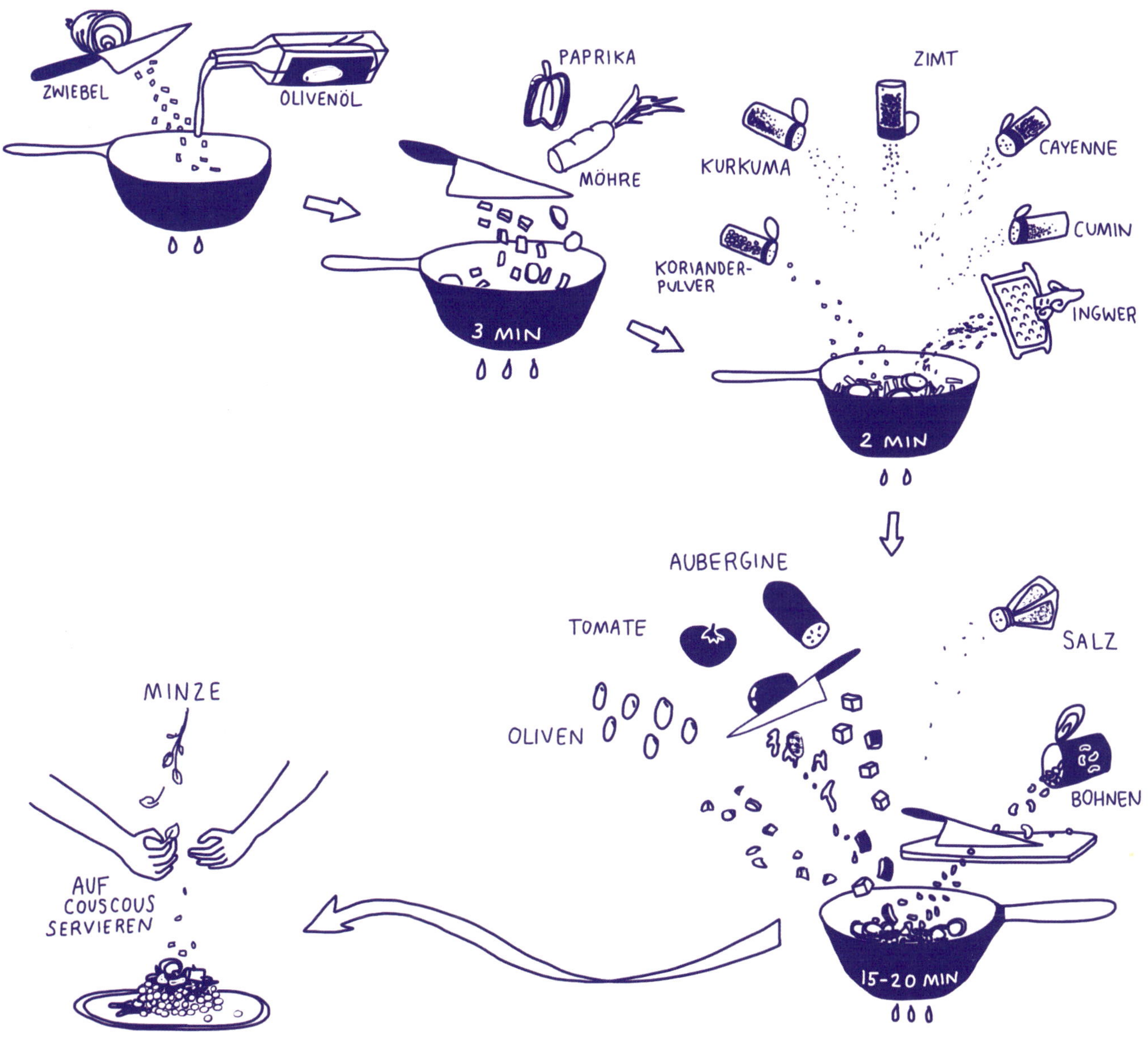

ZWIEBEL

OLIVENÖL

3 MIN

PAPRIKA

MÖHRE

KURKUMA

ZIMT

CAYENNE

CUMIN

KORIANDER-PULVER

INGWER

2 MIN

AUBERGINE

TOMATE

SALZ

OLIVEN

BOHNEN

15-20 MIN

MINZE

AUF COUSCOUS SERVIEREN

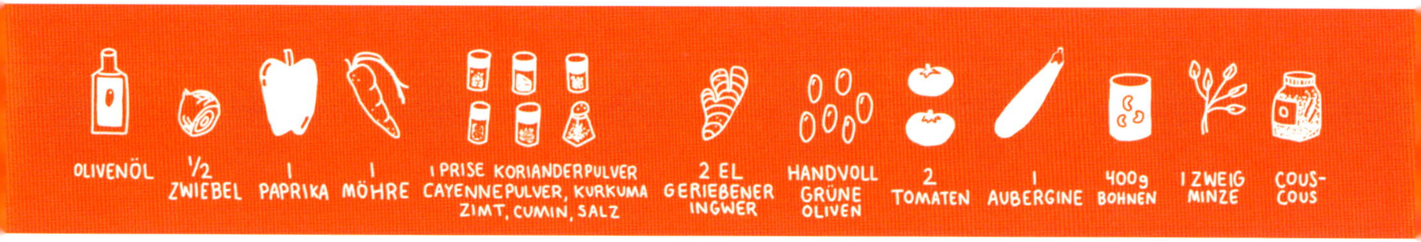

 OLIVENÖL
 ½ ZWIEBEL
 1 PAPRIKA
 1 MÖHRE
 1 PRISE KORIANDERPULVER CAYENNEPULVER, KURKUMA ZIMT, CUMIN, SALZ
 2 EL GERIEBENER INGWER
 HANDVOLL GRÜNE OLIVEN
 2 TOMATEN
 1 AUBERGINE
 400g BOHNEN
 1 ZWEIG MINZE
 COUS-COUS

PHO (VIETNAMESISCHE SUPPE)

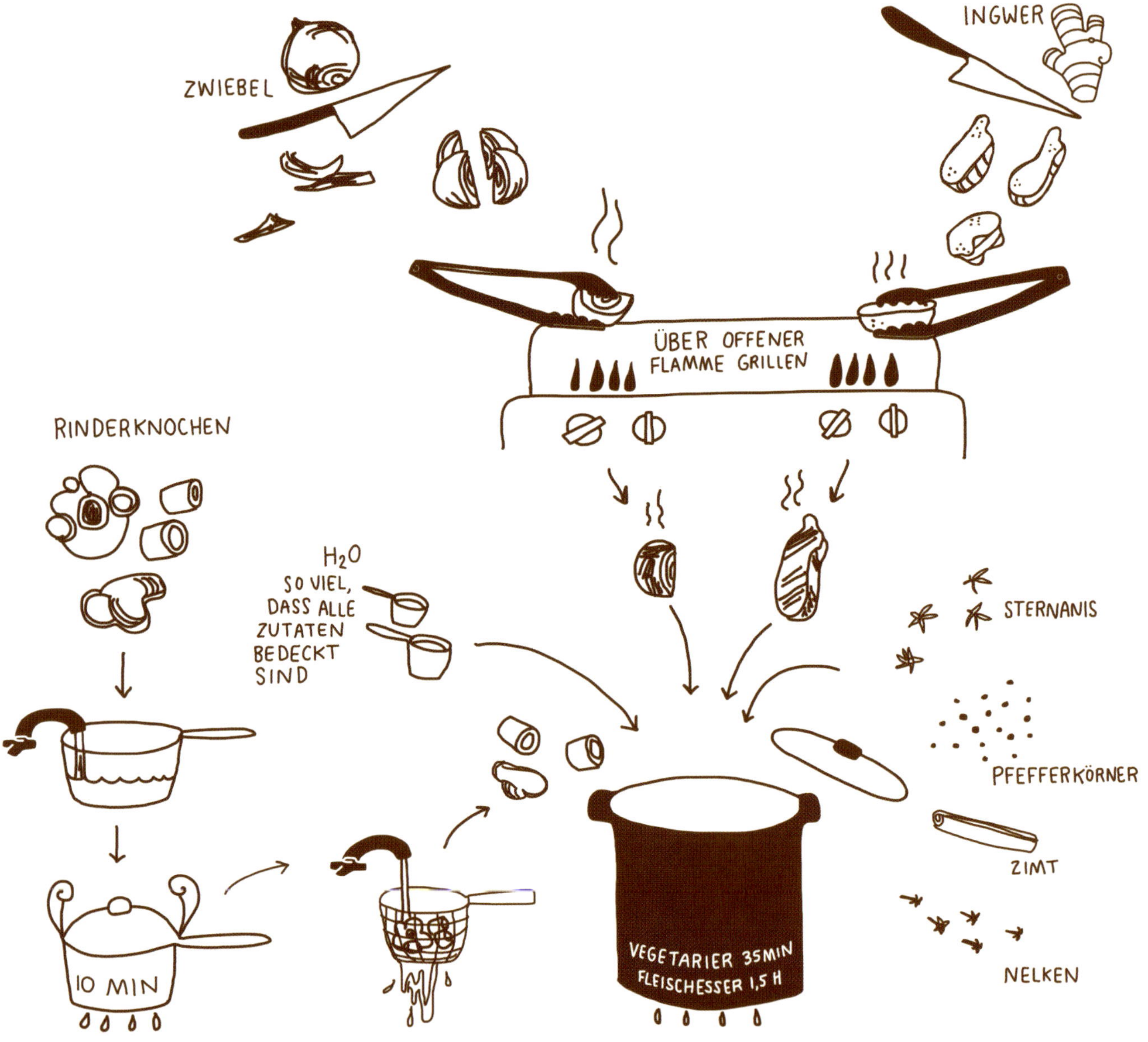

ZWIEBEL

INGWER

ÜBER OFFENER FLAMME GRILLEN

RINDERKNOCHEN

H_2O
SO VIEL, DASS ALLE ZUTATEN BEDECKT SIND

STERNANIS

PFEFFERKÖRNER

ZIMT

NELKEN

10 MIN

VEGETARIER 35MIN
FLEISCHESSER 1,5 H

| ½ TOPF WASSER | 1 ZWIEBEL | 1 INGWER-KNOLLE | 1,3 – 2,2 KG OCHSENSCHWANZ, HAXE UND/ODER MARKKNOCHEN | ODER | 1L GEMÜSEBRÜE | CA. 4 STERNANIS | CA. 12 PFEFFERKÖRNER | 1 ZIMTSTANGE | CA. 4 NELKEN |

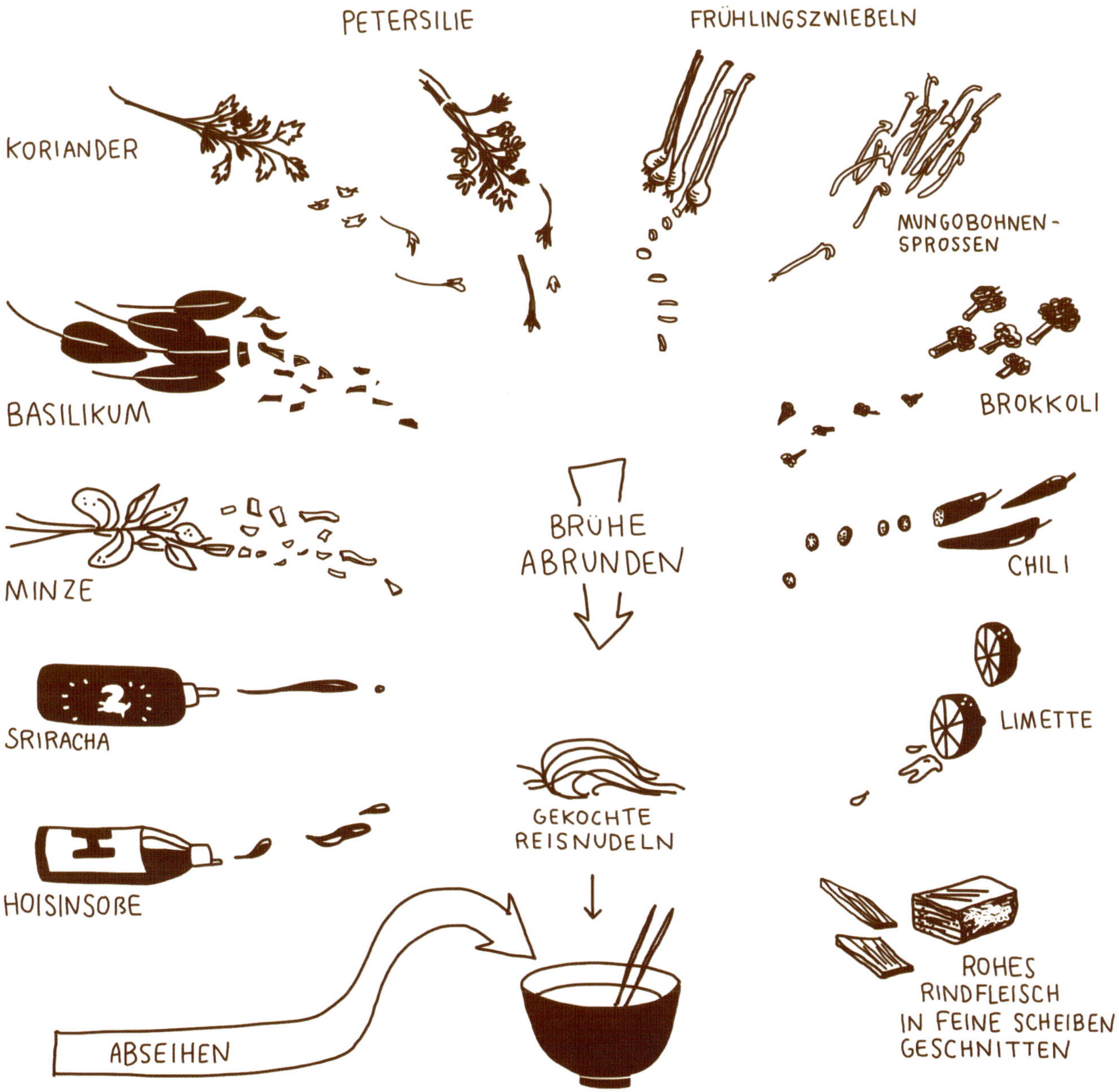

KORIANDER

PETERSILIE

FRÜHLINGSZWIEBELN

MUNGOBOHNEN-
SPROSSEN

BASILIKUM

BROKKOLI

MINZE

CHILI

SRIRACHA

LIMETTE

BRÜHE
ABRUNDEN

GEKOCHTE
REISNUDELN

HOISINSOßE

ROHES
RINDFLEISCH
IN FEINE SCHEIBEN
GESCHNITTEN

ABSEIHEN

REIS-
NUDELN

HOISIN-
SOßE

SRIRACHA
(SCHARFE
CHILISOßE)

MINZE

BASILIKUM

KORIANDER

PETERSILIE

FRÜLINGS-
ZWIEBELN

MUNGOBOHEN-
SPROSSEN

BROKKOLI

CHILI

LIMETTE

200 g
RINDERSTEAK

DEFTIGE SPEISEN

PARMESAN-AUBERGINEN-AUFLAUF

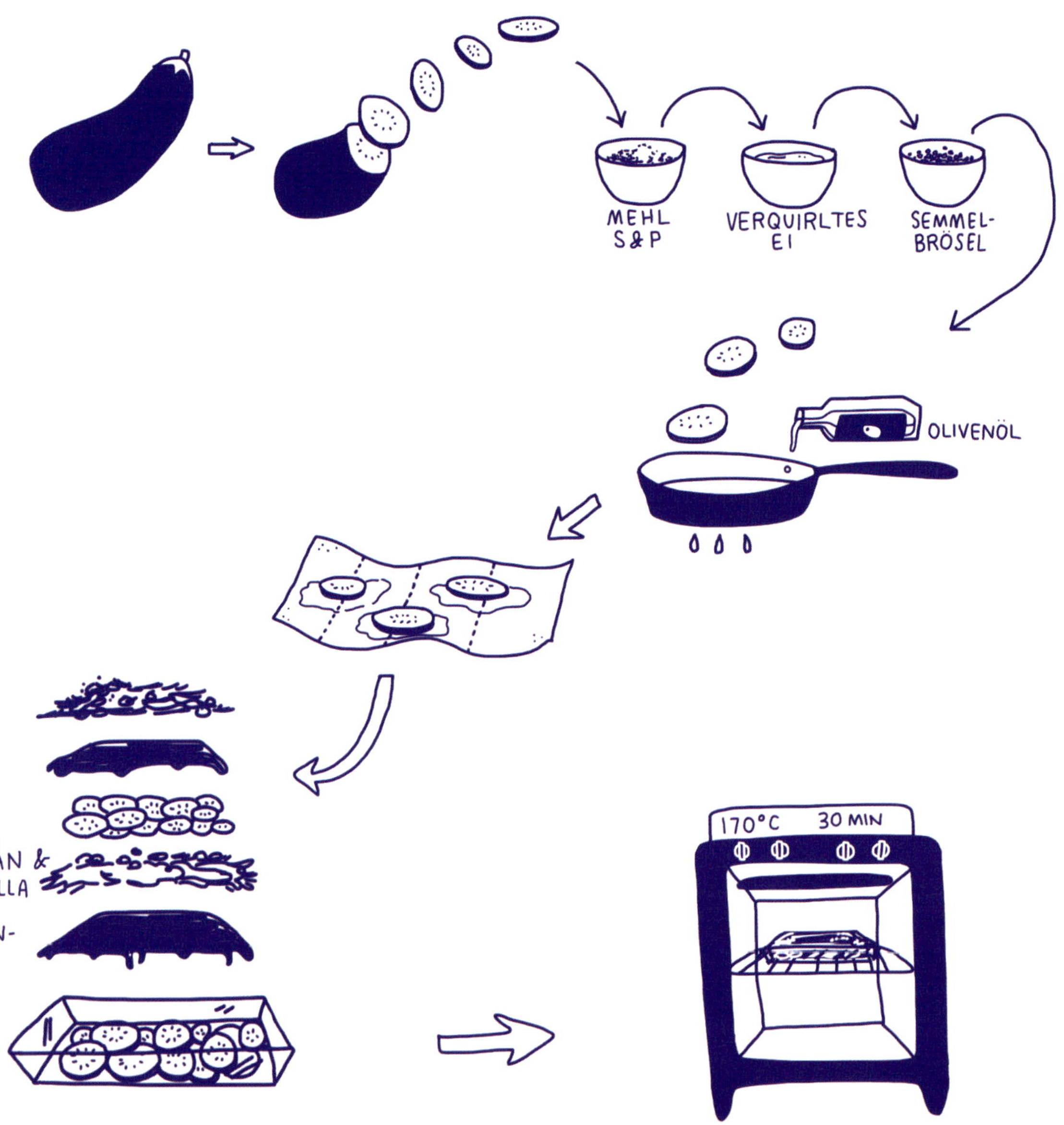

MEHL
S&P

VERQUIRLTES
EI

SEMMEL-
BRÖSEL

OLIVENÖL

RICOTTA,
PARMESAN &
MOZZARELLA

TOMATEN-
SOßE

170°C   30 MIN

1 GROßE
AUBERGINE

2 EIER

½ TASSE
MEHL

SALZ &
PFEFFER

2 TASSEN
SEMMEL-
BRÖSEL

OLIVEN-
ÖL

400 g
RICOTTA

2 TASSEN
GERIEBENER
PARMESAN

170 g
MOZZARELLA,
GEZUPFT

700 ml
TOMATEN-
SOßE

WEIßE LASAGNE

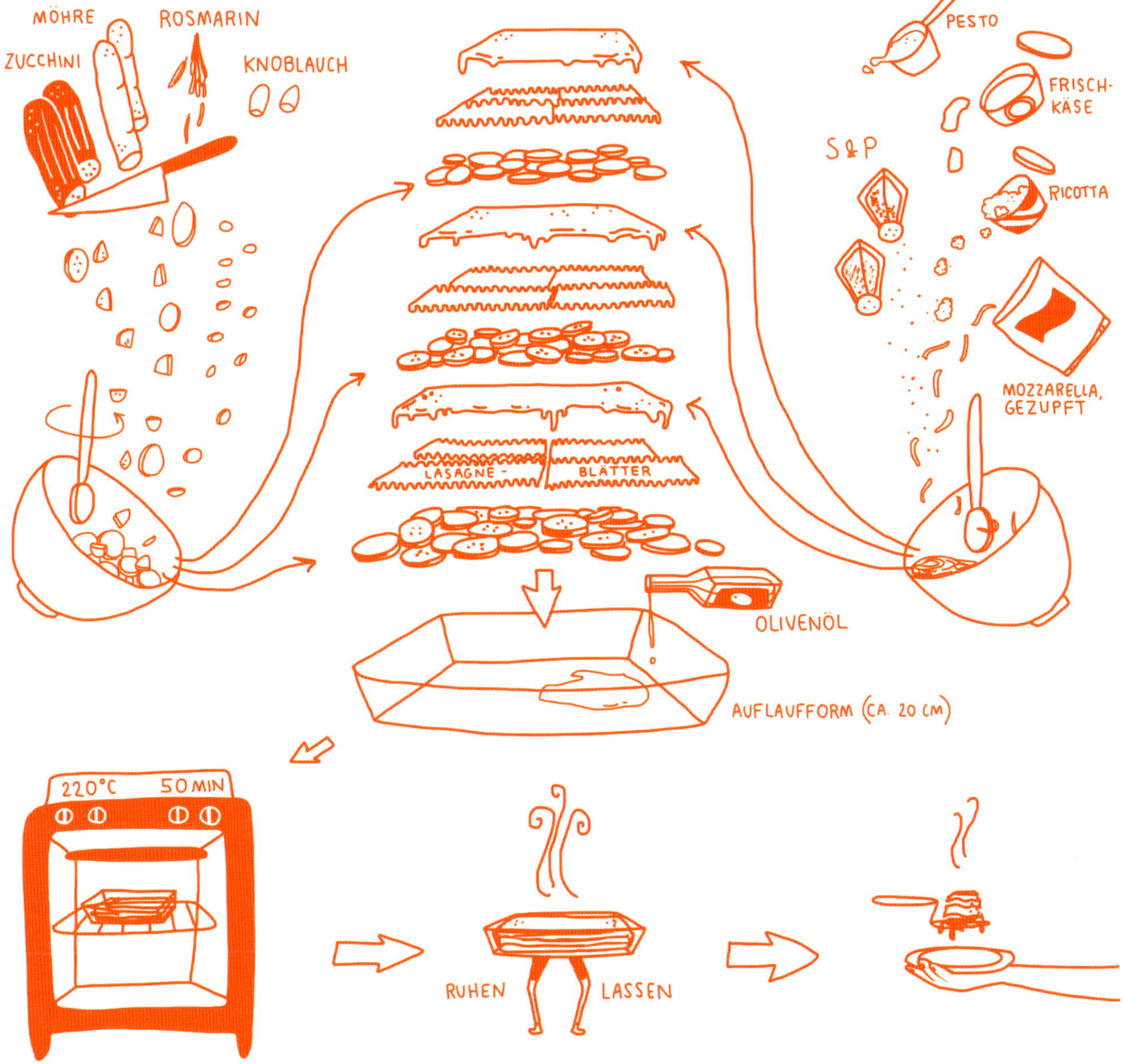

MÖHRE

ZUCCHINI ROSMARIN

KNOBLAUCH

PESTO

FRISCH-KÄSE

S&P

RICOTTA

MOZZARELLA, GEZUPFT

LASAGNE - BLÄTTER

OLIVENÖL

AUFLAUFFORM (CA. 20 CM)

220°C   50 MIN

RUHEN   LASSEN

 2 ZUCCHINI  2 MÖHREN 1 ZWEIG ROSMARIN  2 KNOBLAUCH-ZEHEN  1 TASSE PESTO (OPTIONAL) 200 g FRISCH-KÄSE 400 g RICOTTA 55 g MOZZARELLA, GEZUPFT   SALZ & PFEFFER  LASAGNE-BLÄTTER (OHNE VORKOCHEN)  2 EL OLIVENÖL

TRAVIS' PILZ-RIGATONI

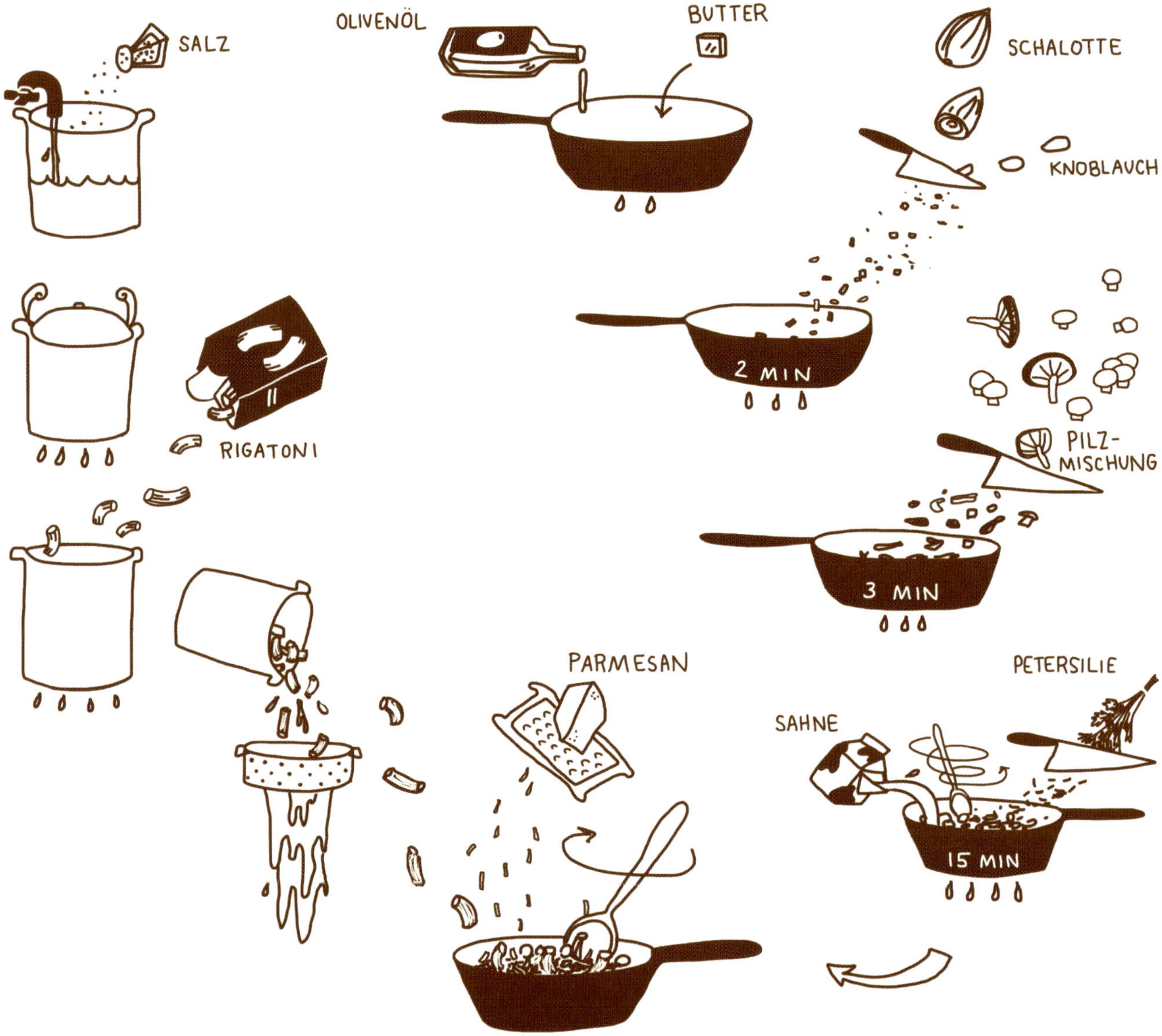

SALZ

OLIVENÖL

BUTTER

SCHALOTTE

KNOBLAUCH

2 MIN

RIGATONI

PILZ-MISCHUNG

3 MIN

PARMESAN

SAHNE

PETERSILIE

15 MIN

 3 EL BUTTER

 OLIVENÖL

 2 SCHALOTTEN

3 KNOBLAUCH-ZEHEN

700 g CHAMPIGNONS & SHIITAKE-PILZE

 1 BUND PETER-SILIE

 250 ml SAHNE

 PARMESAN

 SALZ

 3/4 PAKET RIGATONI

POLENTA

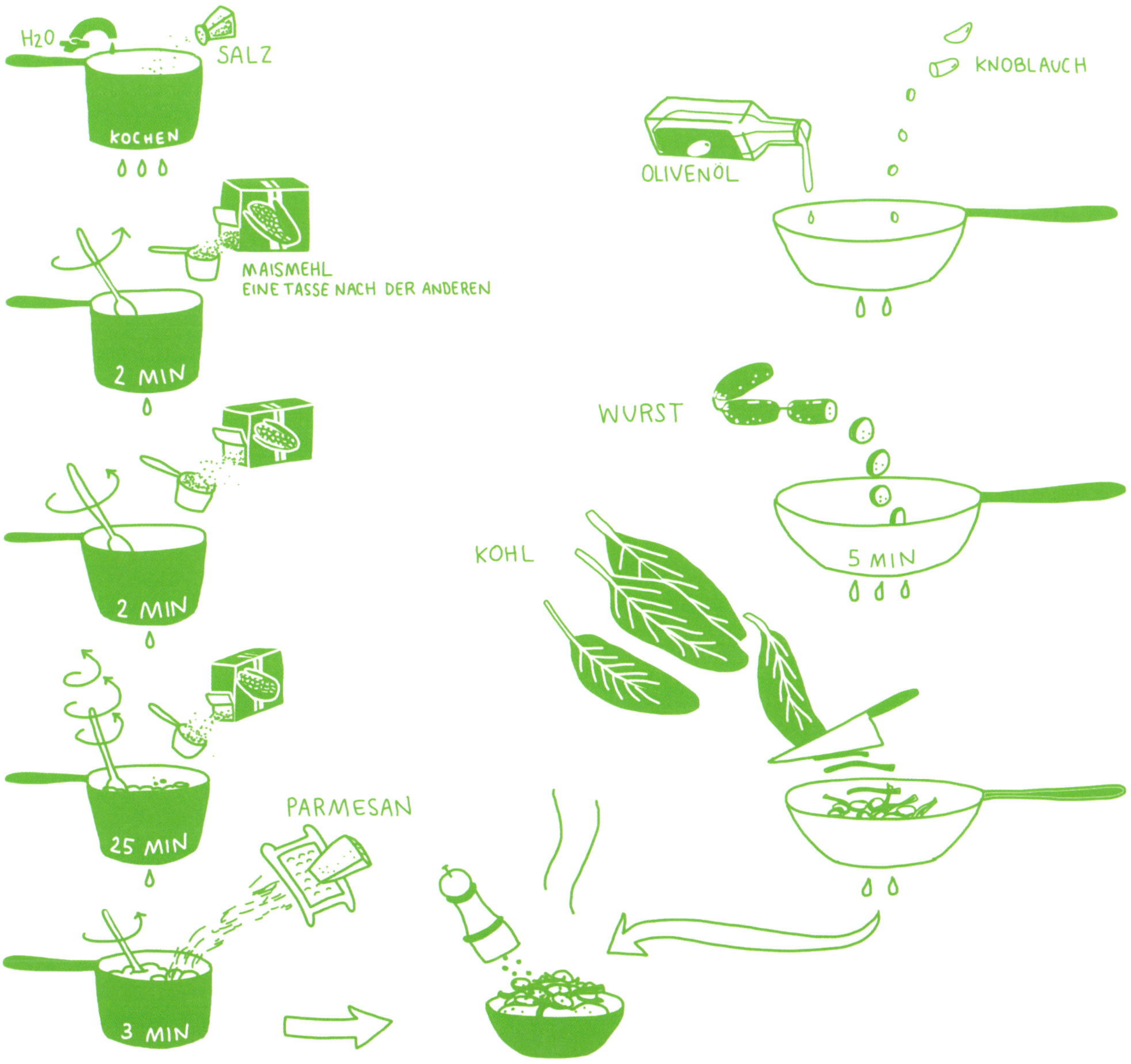
H2O
SALZ
KOCHEN
MAISMEHL
EINE TASSE NACH DER ANDEREN
2 MIN
2 MIN
25 MIN
PARMESAN
3 MIN
KNOBLAUCH
OLIVENÖL
WURST
5 MIN
KOHL

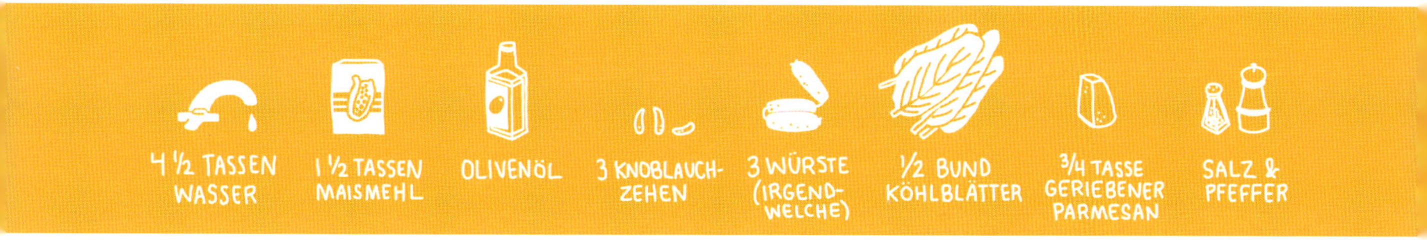
4 ½ TASSEN WASSER
1 ½ TASSEN MAISMEHL
OLIVENÖL
3 KNOBLAUCH-ZEHEN
3 WÜRSTE (IRGEND-WELCHE)
½ BUND KÖHLBLÄTTER
¾ TASSE GERIEBENER PARMESAN
SALZ & PFEFFER

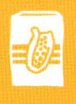

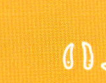

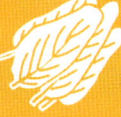

CHANA MASALA

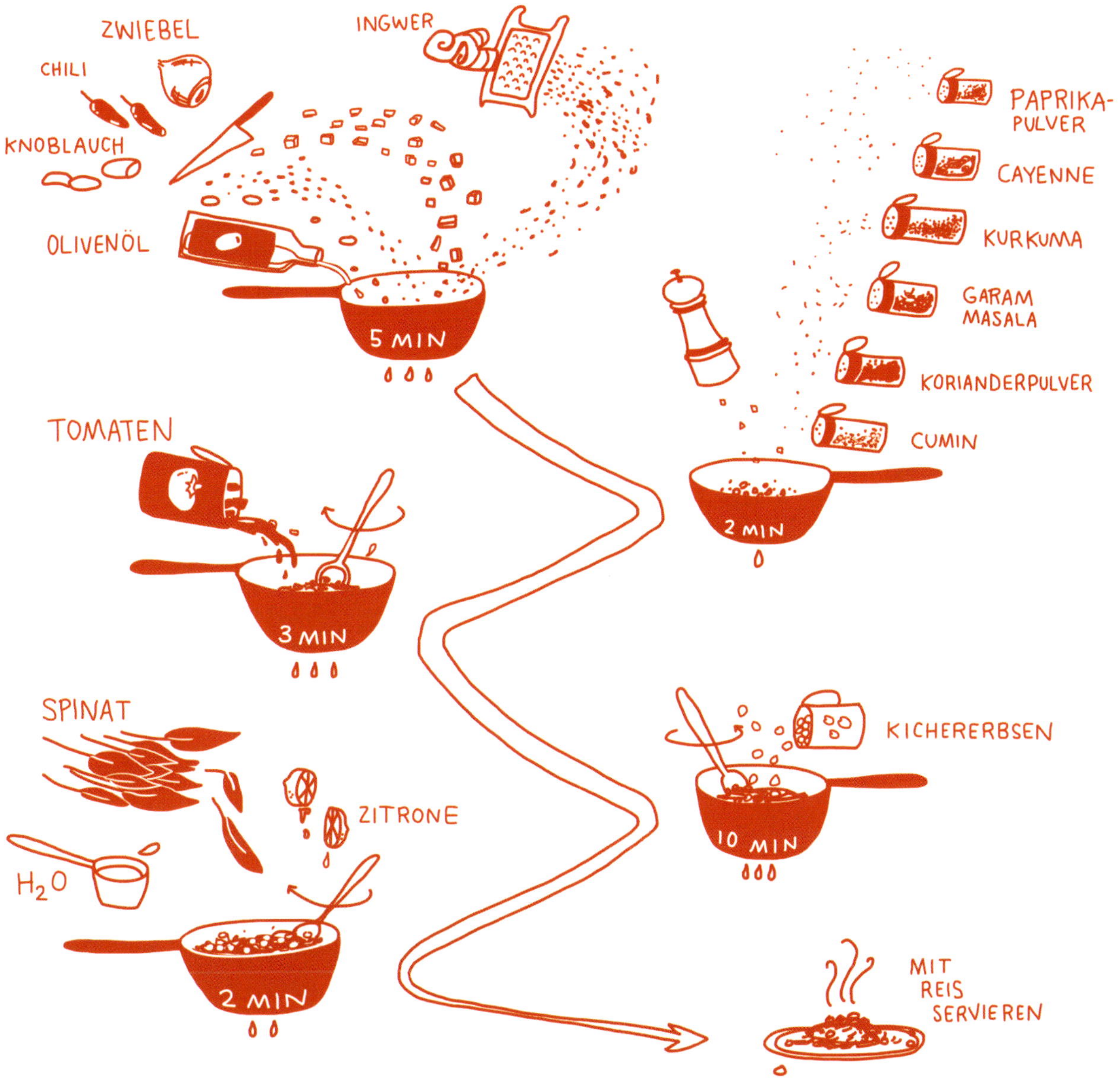

ZWIEBEL

INGWER

CHILI

KNOBLAUCH

OLIVENÖL

PAPRIKA-PULVER

CAYENNE

KURKUMA

GARAM MASALA

KORIANDERPULVER

CUMIN

5 MIN

2 MIN

TOMATEN

3 MIN

SPINAT

KICHERERBSEN

ZITRONE

H₂O

10 MIN

2 MIN

MIT REIS SERVIEREN

OLIVEN-ÖL | 3 KNOBLAUCH-ZEHEN | 2 CHILI-SCHOTEN | 1 ZWIEBEL | ¾ TASSE GERIEBENER INGWER | 1 TL CUMIN, KORIANDERPULVER & GARAM MASALA | ½ TL KURKUMA, CAYENNE, PAPRIKA-PULVER & PFEFFER | 800 g GEHACKTE TOMATEN | 800 g KICHER-ERBSEN | ½ TASSE H₂O | 3 HANDVOLL SPINAT | 1 ZITRONE

RAFFINIERTER GEBRATENER REIS

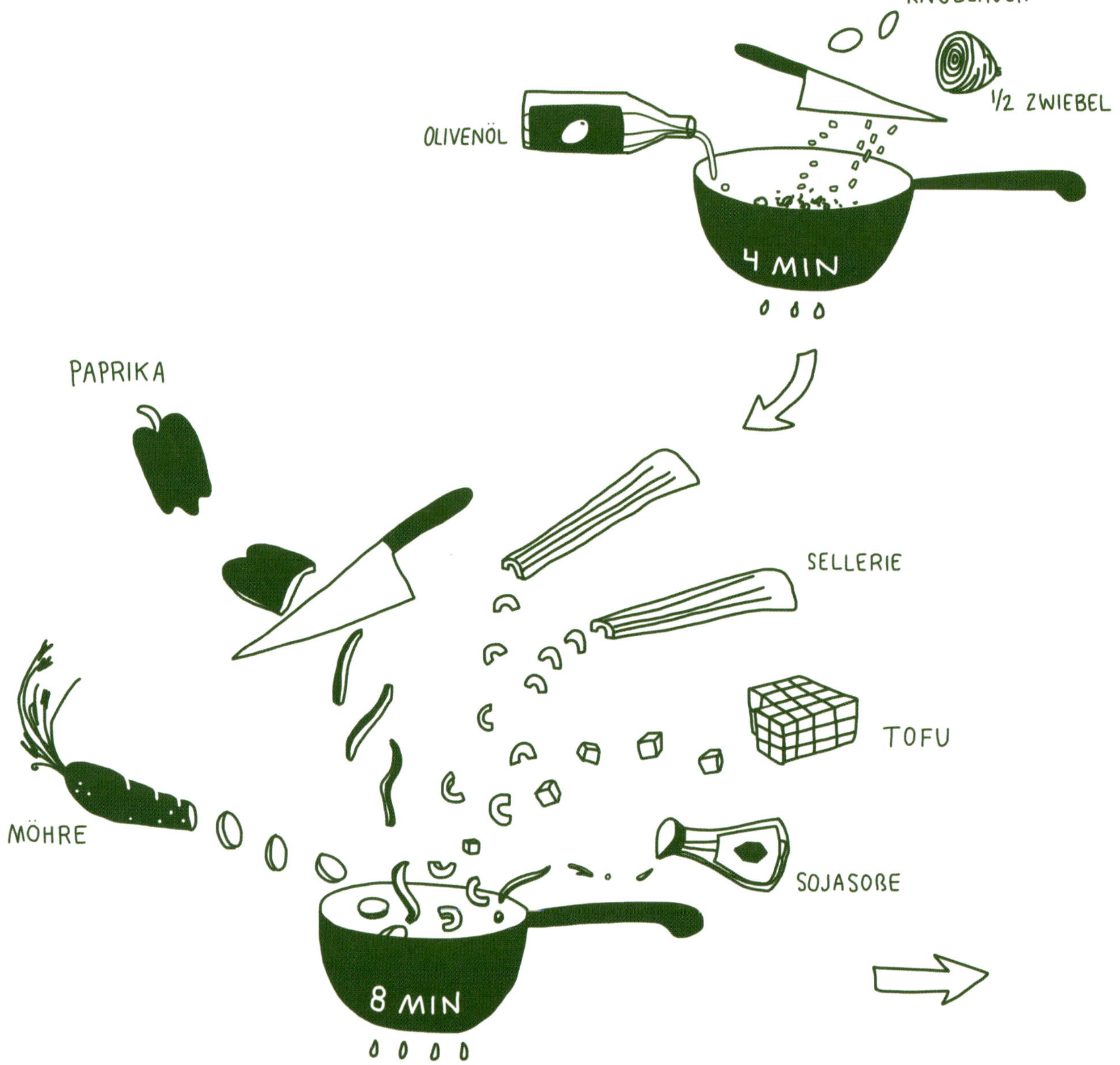

KNOBLAUCH

OLIVENÖL

½ ZWIEBEL

4 MIN

PAPRIKA

SELLERIE

TOFU

MÖHRE

SOJASOSSE

8 MIN

 OLIVENÖL 2 KNOBLAUCH-ZEHEN ½ ZWIEBEL  1 GROSSE MÖHRE  1 PAPRIKA  2 SELLERIE-STANGEN  1 PACKUNG FESTER TOFU 4 EL SOJASOSSE

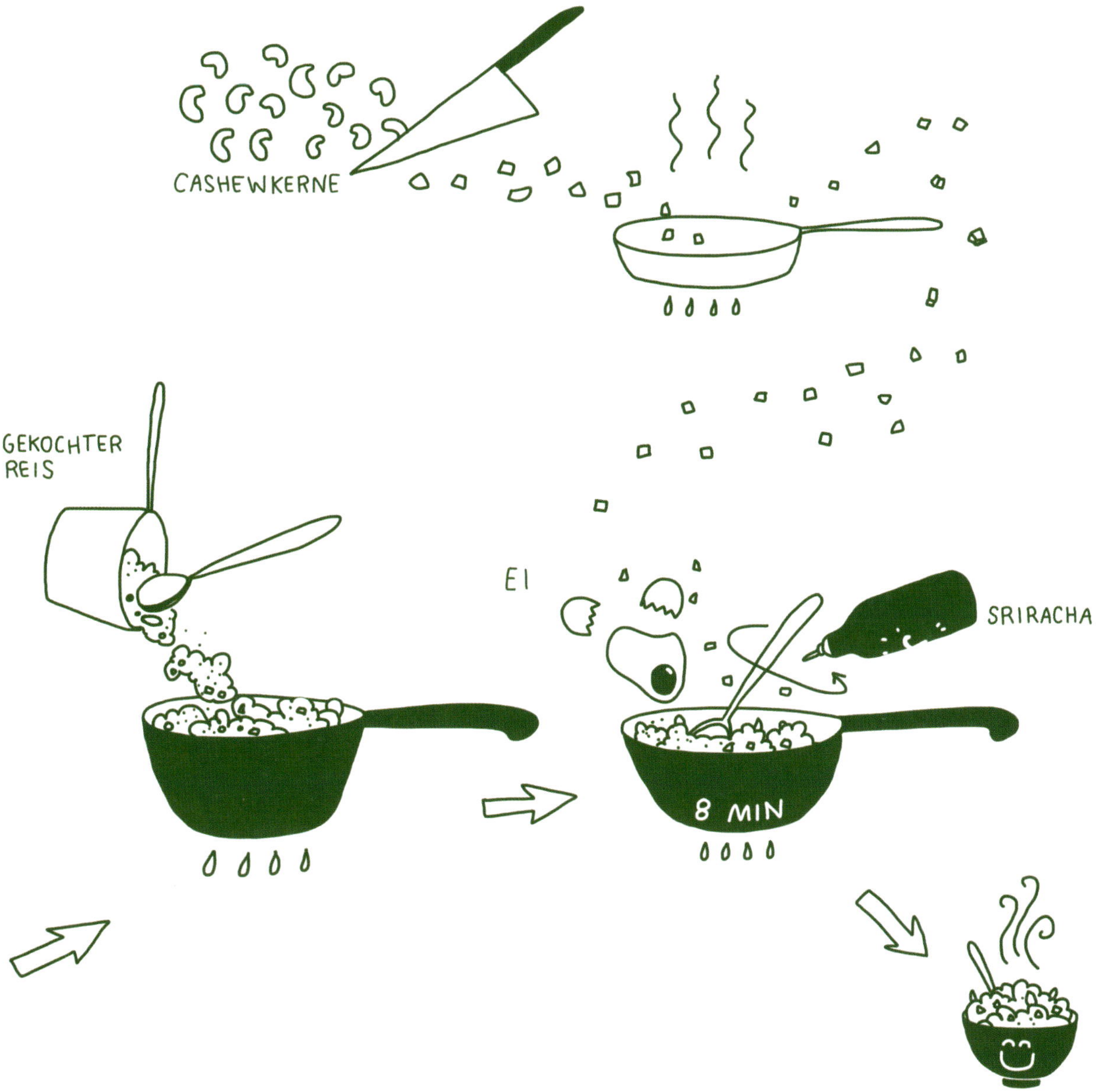

CASHEWKERNE

GEKOCHTER
REIS

EI

SRIRACHA

8 MIN

I GROßE
HANDVOLL
CASHEWKERNE

4 TASSEN
GEKOCHTER
REIS

1 EI

2 EL
SRIRACHA
(SCHARFE CHILISOßE)

Deftige Speisen 45

HUNGRIGE ENCHILADAS

ADAPTIERT VON ANNIE'S EATS

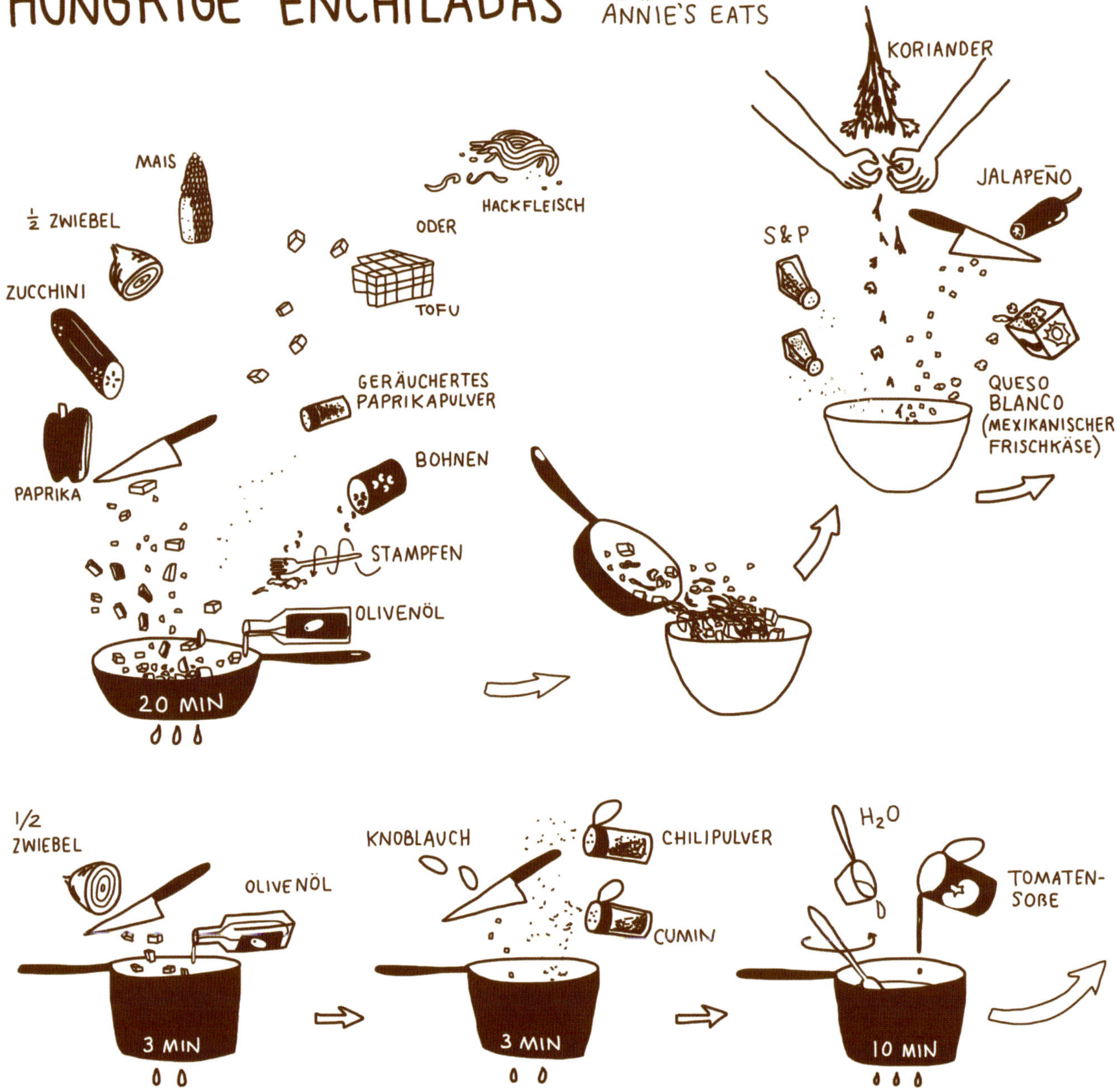

MAIS

½ ZWIEBEL

ZUCCHINI

PAPRIKA

ODER

HACKFLEISCH

TOFU

GERÄUCHERTES PAPRIKAPULVER

BOHNEN

STAMPFEN

OLIVENÖL

20 MIN

KORIANDER

JALAPEÑO

S & P

QUESO BLANCO
(MEXIKANISCHER FRISCHKÄSE)

½ ZWIEBEL

OLIVENÖL

3 MIN

KNOBLAUCH

CHILIPULVER

CUMIN

3 MIN

H₂O

TOMATEN-SOßE

10 MIN

OLIVEN-ÖL

½ PAPRIKA

½ ZUCCHINI

1 ZWIEBEL

1 MAISKOLBEN (ODER EINE DOSE)

PRISE GERÄUCHERTES PAPRIKAPULVER

250 g RINDERHACK ODER TOFU/SEITAN

400 g SCHWARZE BOHNEN

SALZ & PFEFFER

1 BUND FRISCHER KORIANDER

TORTILLAS

CHEDDAR

230°C   15 MIN

LIMETTE

KORIANDER

1
JALAPEÑO

1 TASSE
QUESO
BLANCO

½ TL
CHILIPULVER
& CUMIN

2 KNOBLAUCH-
ZEHEN

1 TASSE
H2O

400 ml
TOMATEN-
SOßE

12 TORTILLAS,
UM DIE 15 cm

½ STÜCK
CHEDDAR

1 LIMETTE

TACO-IDEEN

CHEDDAR

QUESO BLANCO
(MEXIKANISCHER
FRISCHKÄSE)

ROTE
ZWIEBEL

ROTKOHL

RADIESCHEN &
FRÜHLINGSZWIEBELN

LIMETTE

HAUCHDÜNNE
APFELSCHEIBEN

SCHWARZE
BOHNEN

GERÖSTETER
KÜRBIS

GEWÜRFELTE
PILZE

SPIEGELEI

ANGEBRATENER
SEITAN ODER
GESCHMORTES
SCHWEINEFLEISCH,
ZERKLEINERT

TOFUWÜRFEL
ODER MIT
CURRYPULVER
GEBRATENES
HÜHNCHEN

KIMCHI

GEBRATENE
CHORIZO

WEICHE
TORTILLA

LIMETTE

ROTE ZWIEBEL

GUACAMOLE

MANGO

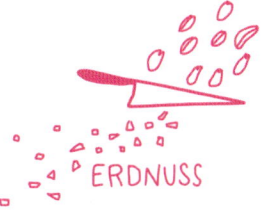

ERDNUSS

JALAPEÑO

ANGEBRATENER
MAIS

RUCOLA

KORIANDER

KOPFSALAT

GURKE

QUINOA

GRAPEFRUIT

ANANAS

FRITTIERTE
SÜSSE
KOCHBANANE

STÜCKE VON
GEKOCHTEM HUMMER
ODER GEGRILLTE
GARNELEN

GEGRILLTER
FISCH

BACON

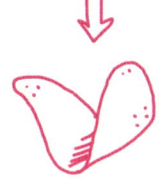

BEILAGEN & SALATE

ANNIES KARTOFFELPÜREE

NACH 5-8 MIN, **TESTEN!**

FEST?
NOCH ETWAS WARTEN.

WEICH?
PERFEKT!

SEHR BRÜCHIG?
ZU LANG!!

2,5 KG KARTOFFELN,
MIT ODER OHNE SCHALE,
WIE ES DIR GEFÄLLT.

BUTTER

SALZ

MILCH

SAHNE

GUT
ABGIEßEN!

110 g
BUTTER

1/4 TASSE VOLLMILCH,
RAUMTEMPERATUR

1/4 TASSE SAHNE
RAUMTEMPERATUR

SALZ NACH
GESCHMACK

Beilagen & Salate 53

NUSSIGE QUINOA

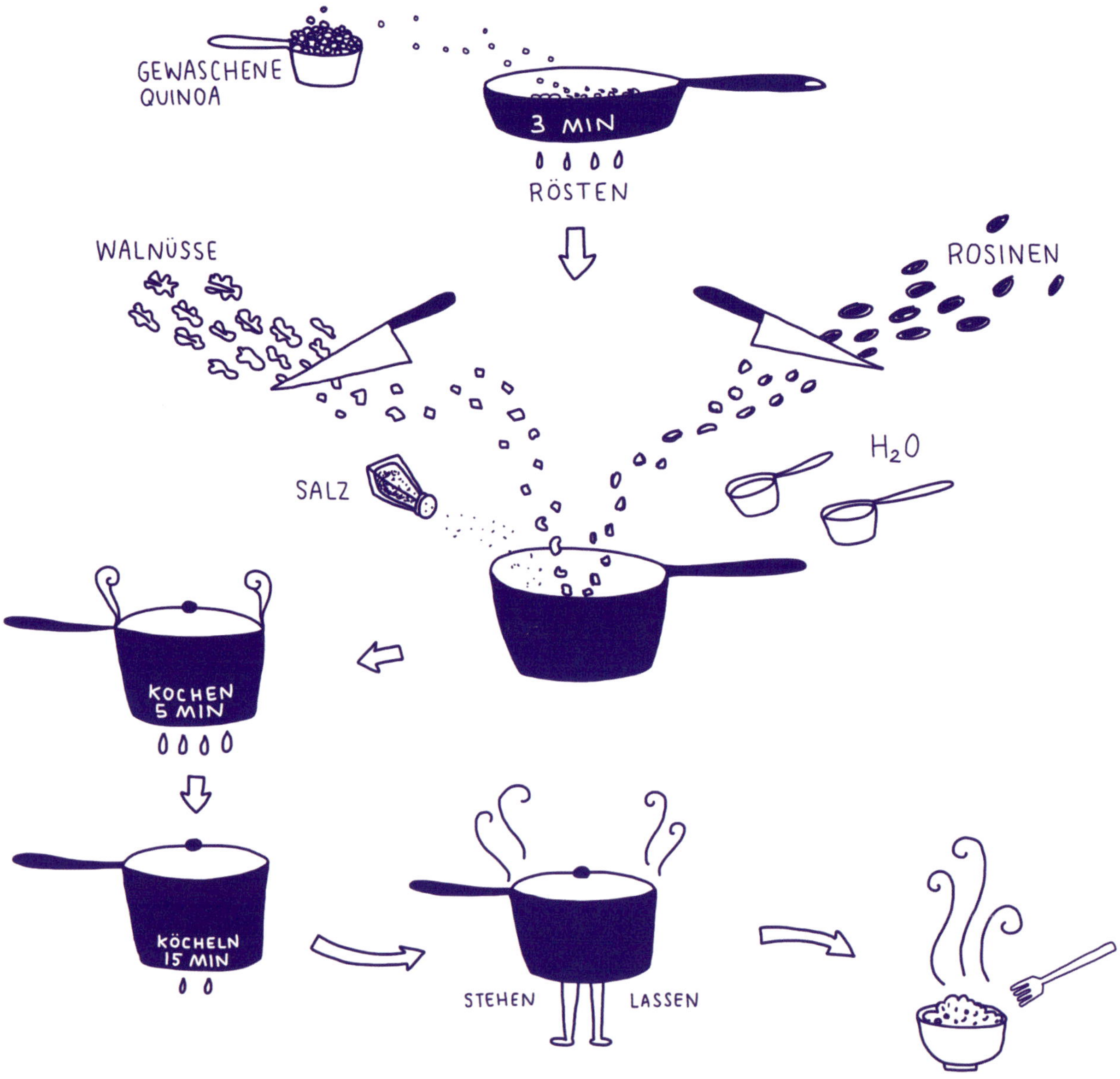

GEWASCHENE QUINOA

3 MIN
RÖSTEN

WALNÜSSE

ROSINEN

SALZ

H₂O H_2O

KOCHEN 5 MIN

KÖCHELN 15 MIN

STEHEN LASSEN

2 TASSEN H₂O

3/4 TASSE WALNÜSSE

3/4 TASSE ROSINEN

1 TASSE QUINOA

PRISE SALZ

SUCCOTASH (BOHNEN-MAIS-EINTOPF)

OLIVENÖL

S&P

ZWIEBEL

PILZE

MAIS

3 MIN

FÜR

PAPRIKA

EINZELN

GELBER ZUCCHINI

GEMÜSE

PETERSILIE

MINZE

ZUCCHINI

JEDES

BASILIKUM

BRATE

WEISSWEINESSIG

KIRSCHTOMATEN

BOHNEN

 ½ ZWIEBEL

 1 ZUCCHINI

 1 GELBER ZUCCHINI

 1 PAPRIKA

 1 MAIS-KOLBEN

 1 TASSE PILZE

 2 TASSEN KIRSCH-TOMATEN

 HANDVOLL BASILIKUM

 HANDVOLL PETERSILIE

 HANDVOLL MINZE

 1 TASSE WEISSWEIN-ESSIG

 400 g BOHNEN

EIN TIPP FÜR DICH:

BENUTZ DEN SPARSCHÄLER NICHT NUR ZUM SCHÄLEN VON GEMÜSE, SONDERN AUCH UM MÖHREN, ROHE ROTE BETE, BIRNEN U. Ä. IN GANZ DÜNNE SCHEIBEN ZU SCHNEIDEN. DIESE EIGNEN SICH ALS GARNIERUNG FÜR SALATE, SUPPEN ODER REIS.

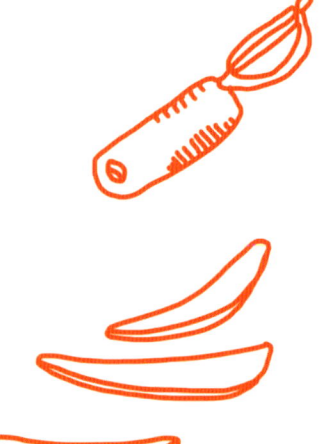

TANTE ANNS AMBROSIA-FRUCHTSALAT

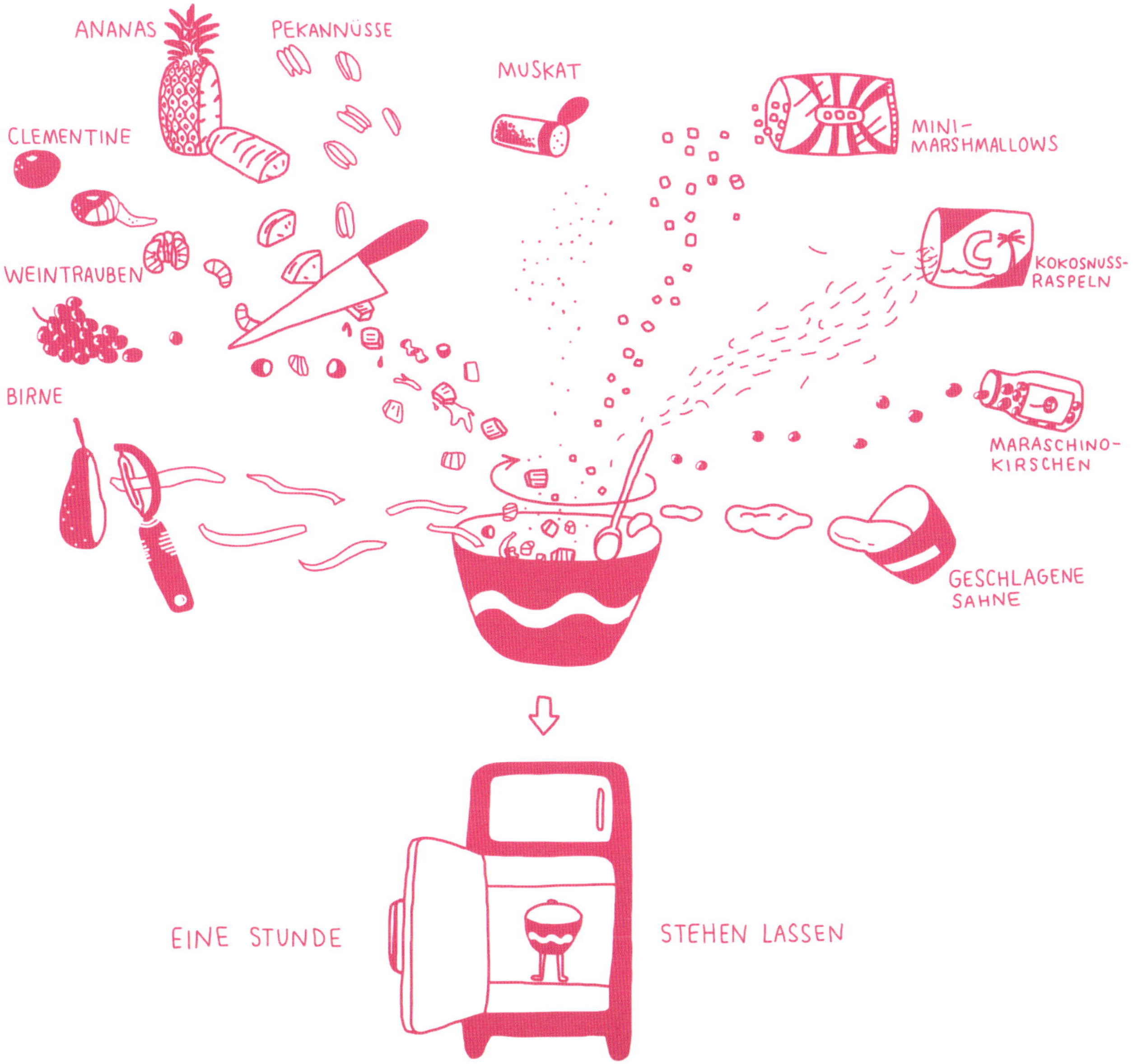

ANANAS

PEKANNÜSSE

MUSKAT

MINI-
MARSHMALLOWS

CLEMENTINE

KOKOSNUSS-
RASPELN

WEINTRAUBEN

MARASCHINO-
KIRSCHEN

BIRNE

GESCHLAGENE
SAHNE

EINE STUNDE   STEHEN LASSEN

1 TASSE WEINTRAUBEN	3 CLEMENTINEN	1 TASSE ANANAS	1 BIRNE	½ TASSE PEKAN-NÜSSE	2 TL MUSKAT	2 TASSEN MINI-MARSHMALLOWS	2 TASSEN KOKONUSS-RASPELN	CA. 10 MARASCHINO-KIRSCHEN	1 TASSE GESCHLAGENE SAHNE

JOSÉS REIS

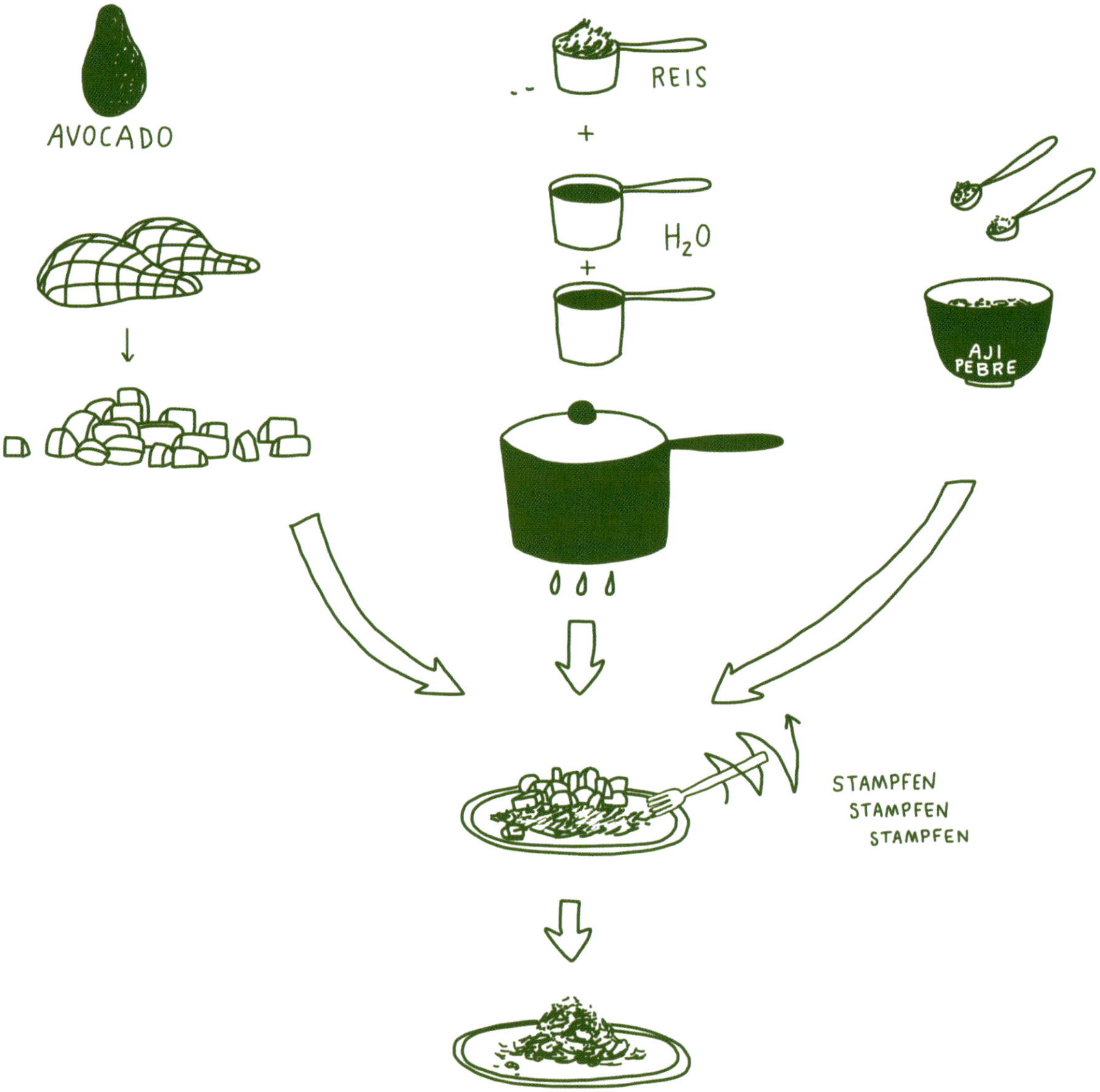

AVOCADO

REIS

+

H_2O

+

AJI PEBRE

STAMPFEN
STAMPFEN
STAMPFEN

 1 AVOCADO

 1 TASSE REIS
(UNGEKOCHT)

 2 TASSEN
H_2O

 2 EL AJI PEBRE
(SIEHE SEITE 80)

KÜRBIS-MEDAILLONS

PINIENKERNE

SESAMÖL

OLIVENÖL

AHORNSIRUP

S & P

DURCHEINANDER   MISCHEN

OFENFESTE PFANNE

220°C   30 MIN

1 TL OLIVENÖL

2 EL SESAMÖL

2 EL AHORNSIRUP

IRGENDEIN WINTERKÜRBIS

HANDVOLL PINIENKERNE

SALZ & PFEFFER

AURORAS RUCOLASALAT

BALSAMICO

OLIVENÖL

PEKANNÜSSE

1 MIN

GORGONZOLA

ERDBEEREN

 OLIVENÖL

 BALSAMICO-ESSIG

 5 HANDVOLL RUCOLA

 CA. 10 ERDBEEREN

 HANDVOLL GORGONZOLA

 GROSSE HANDVOLL PEKANNÜSSE

CHELSEAS GRÜNKOHLSALAT

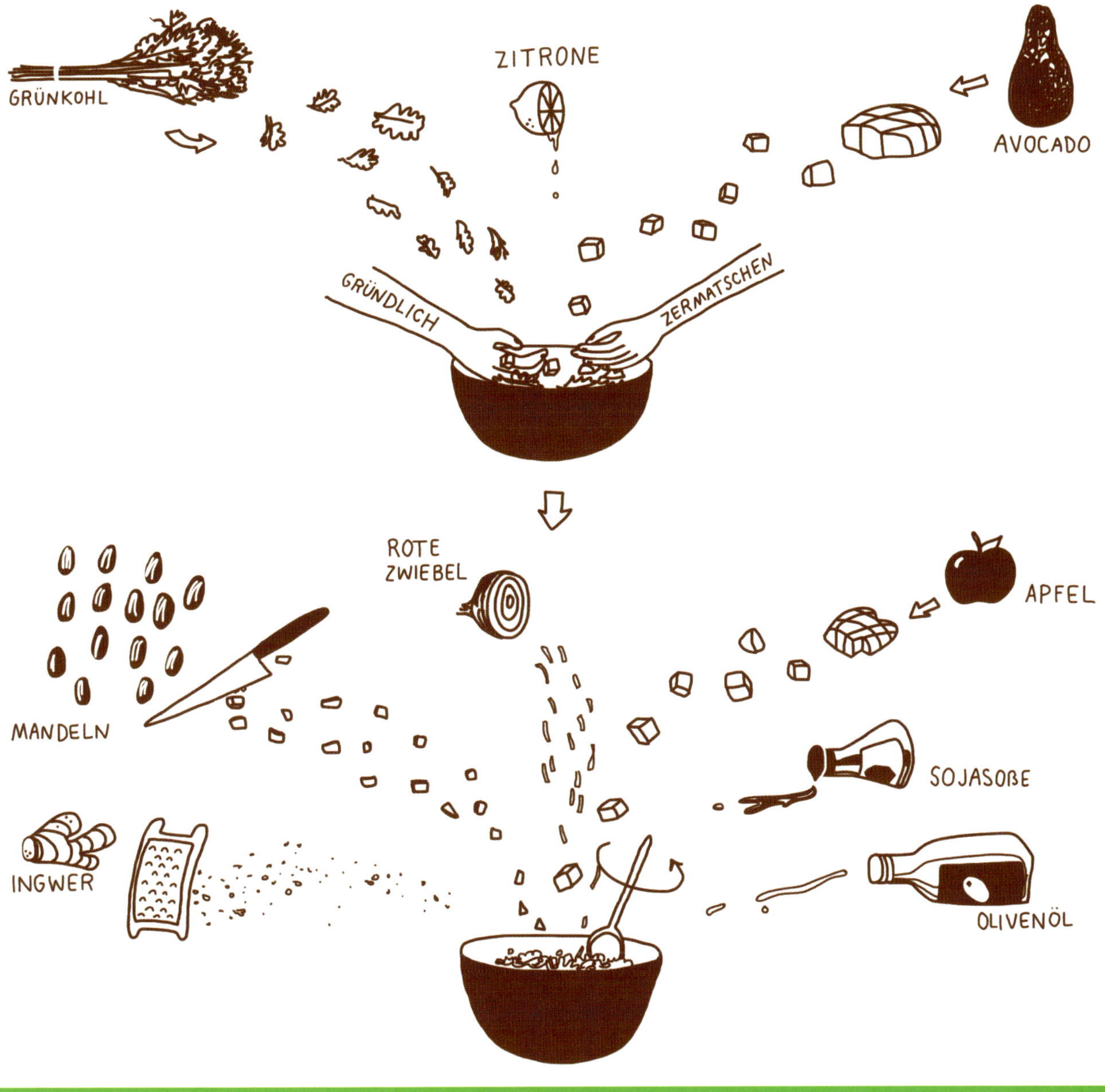

GRÜNKOHL

ZITRONE

AVOCADO

GRÜNDLICH   ZERMATSCHEN

ROTE ZWIEBEL

APFEL

MANDELN

SOJASOSSE

INGWER

OLIVENÖL

 ½ BUND GRÜNKOHL

 ½ ZITRONE

 1 AVOCADO

 4 EL INGWER

 GROSSE HANDVOLL MANDELN

 ⅓ ROTE ZWIEBEL

 IRGENDEIN APFEL

 2 EL SOJASOSSE

 1 EL OLIVENÖL

**Beilagen & Salate   61**

PANZANELLA (ITALIENISCHER BROTSALAT)

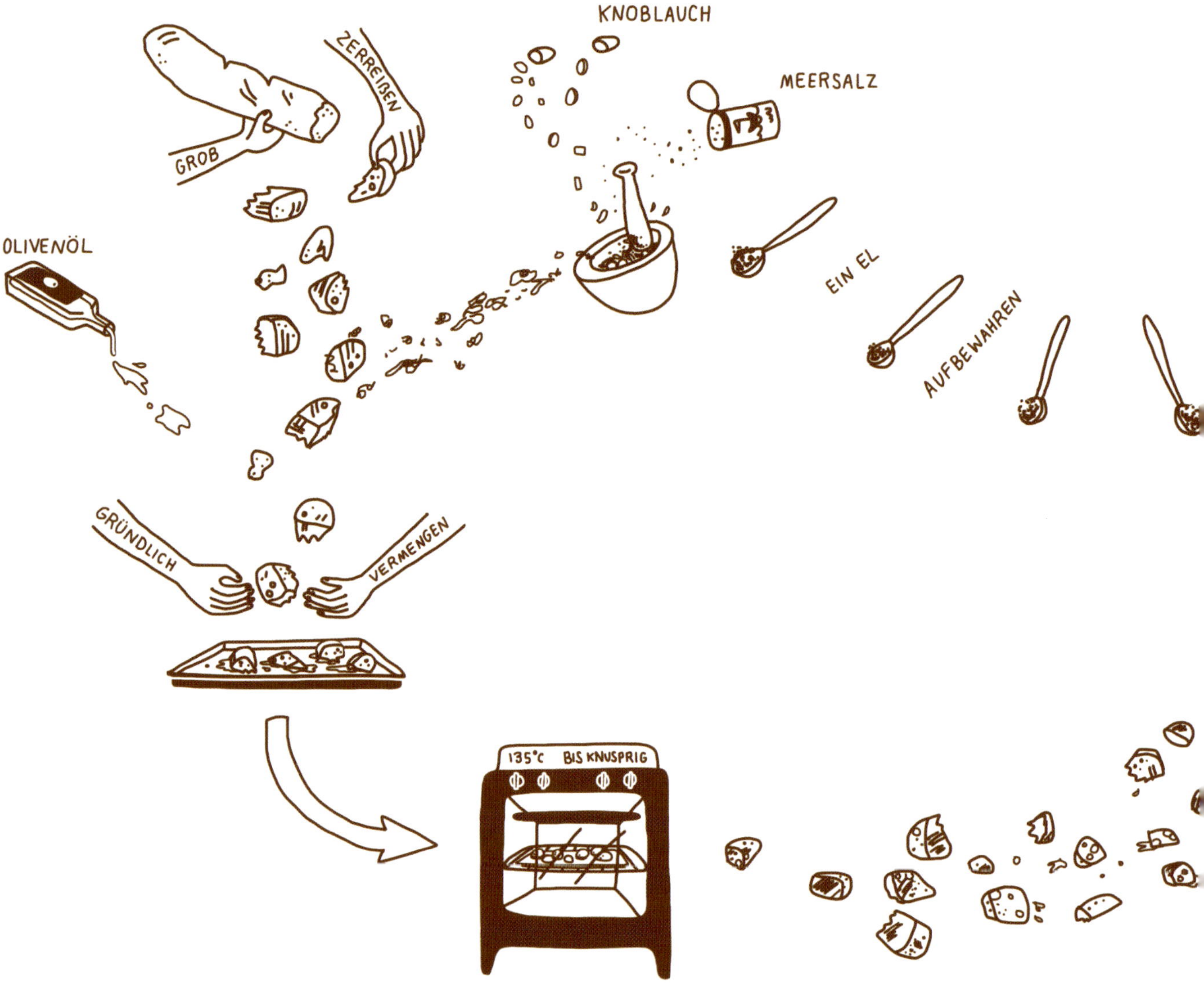

GROB
ZERREISSEN
KNOBLAUCH
MEERSALZ
OLIVENÖL
EIN EL
AUFBEWAHREN

GRÜNDLICH
VERMENGEN

135°C   BIS KNUSPRIG

 OLIVENÖL  ALTES BAGUETTE  4 KNOBLAUCH-ZEHEN MEERSALZ  1 GURKE  2 SCHALOTTEN  4 TOMATEN

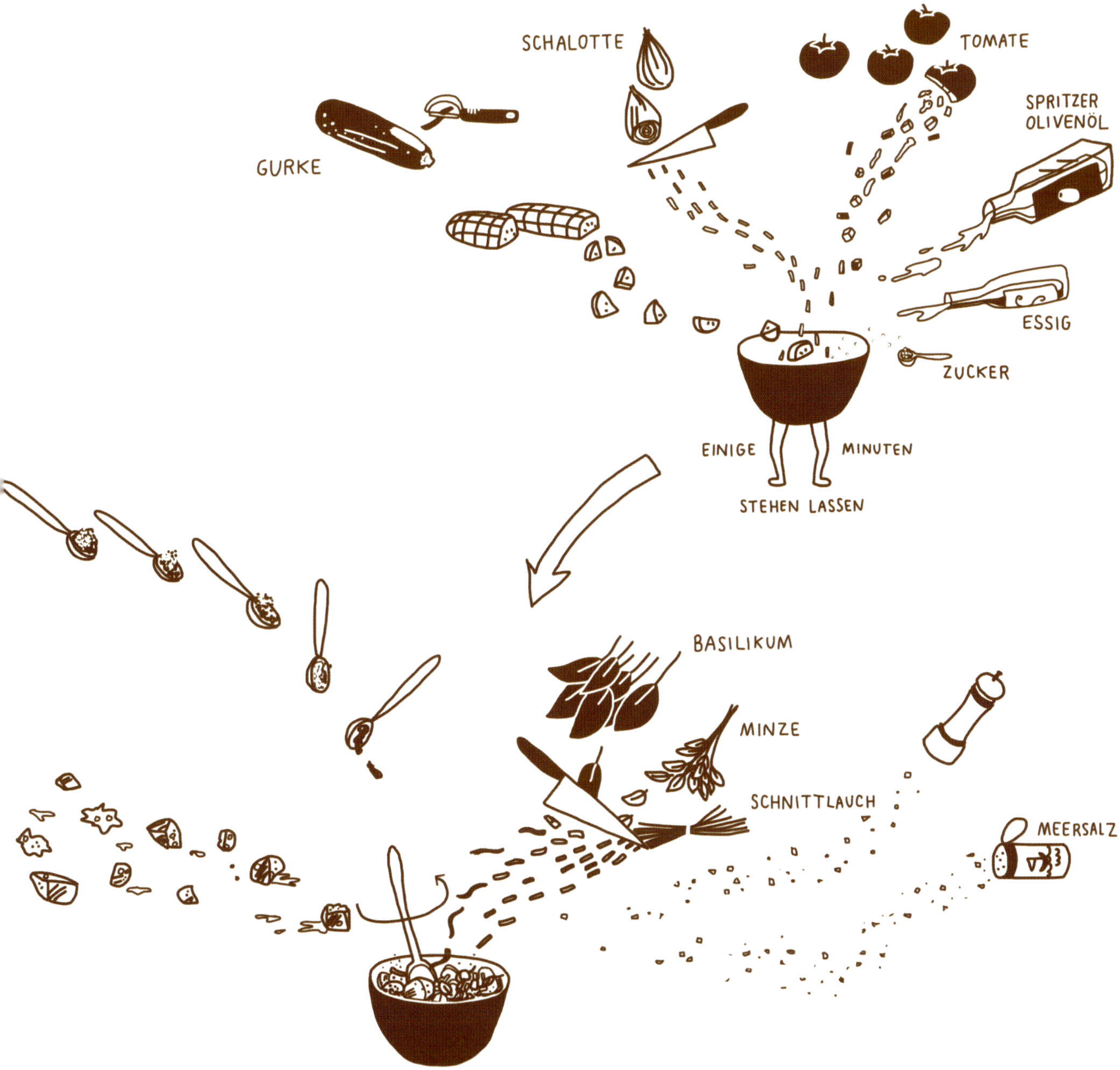

GURKE

SCHALOTTE

TOMATE

SPRITZER OLIVENÖL

ESSIG

ZUCKER

EINIGE MINUTEN

STEHEN LASSEN

BASILIKUM

MINZE

SCHNITTLAUCH

MEERSALZ

 SHERRY- ODER APFELESSIG

 PRISE ZUCKER

 HANDVOLL BASILIKUM

 HANDVOLL MINZE

 HANDVOLL SCHNITT-LAUCH

 PFEFFER

SCHNELLE SNACKS

MOMS AVOCADO & FETA-SNACK

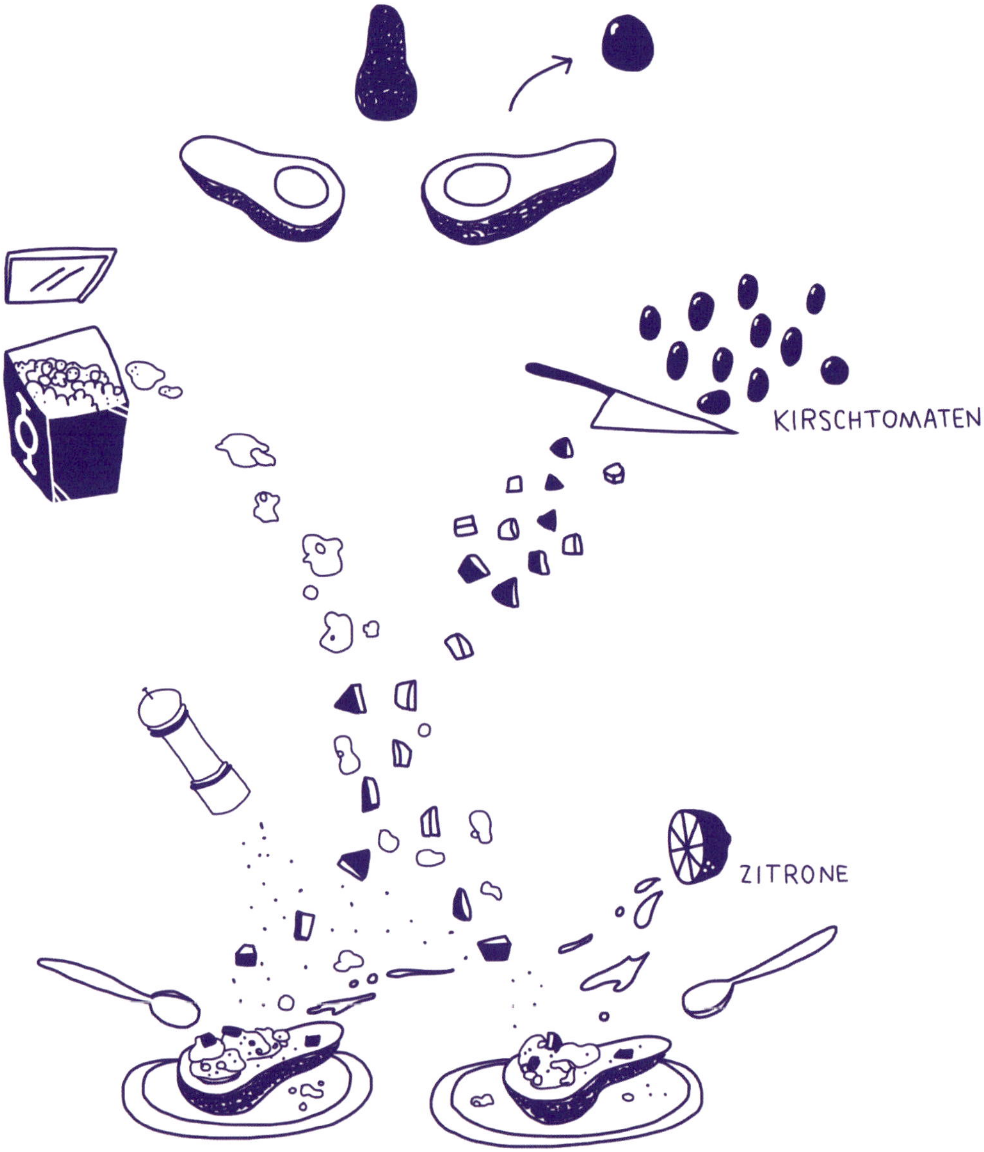

KIRSCHTOMATEN

ZITRONE

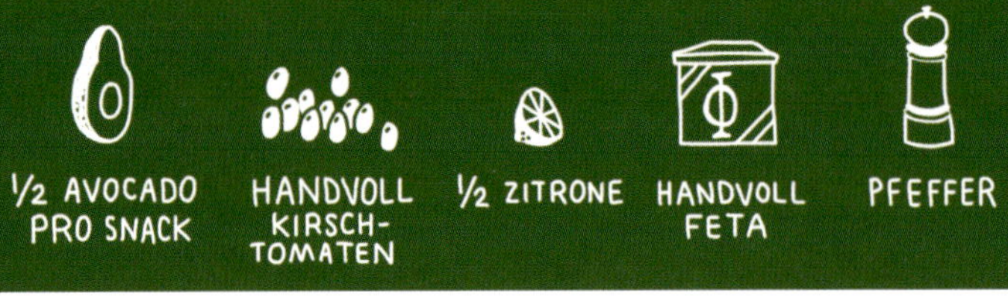

½ AVOCADO
PRO SNACK

HANDVOLL
KIRSCH-
TOMATEN

½ ZITRONE

HANDVOLL
FETA

PFEFFER

ENDIVIE, HONIG & ZIEGENKÄSE-SNACK

2 ENDIVIEN
PRO SNACK

HANDVOLL
ZIEGENKÄSE

HONIG

PIZZA-IDEEN

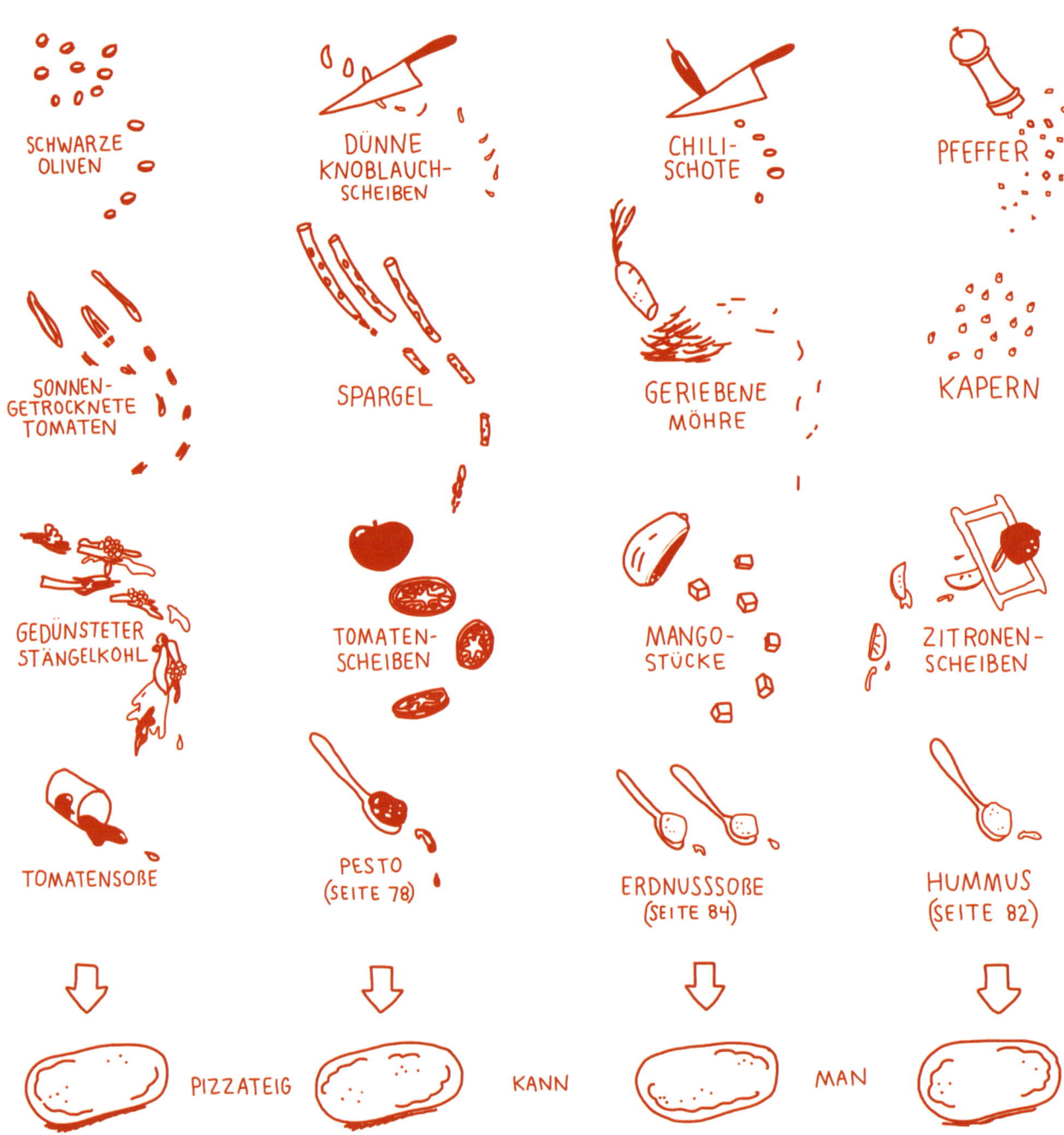

SCHWARZE
OLIVEN

DÜNNE
KNOBLAUCH-
SCHEIBEN

CHILI-
SCHOTE

PFEFFER

SONNEN-
GETROCKNETE
TOMATEN

SPARGEL

GERIEBENE
MÖHRE

KAPERN

GEDÜNSTETER
STÄNGELKOHL

TOMATEN-
SCHEIBEN

MANGO-
STÜCKE

ZITRONEN-
SCHEIBEN

TOMATENSOSSE

PESTO
(SEITE 78)

ERDNUSSSOSSE
(SEITE 84)

HUMMUS
(SEITE 82)

PIZZATEIG

KANN

MAN

GEHACKTE WALNÜSSE

ZITRONEN-SAFT

BACON-STÜCKCHEN

FETA

CAYENNE

RUCOLA
(NACH DEM BACKEN HINZUFÜGEN)

BALSAMICO-ESSIG

BIRNEN-SCHEIBEN

ZIEGEN-KÄSE

GEHOBELTER PARMESAN

FEIGEN

KARAMELLI-SIERTE ZWIEBELN

APFEL-SCHEIBEN

BLUMENKOHL

HALLOUMI-KÄSE

SESAMÖL

HONIG

EINFACH

FERTIG

KAUFEN

ERDBEER, HONIG & BASILIKUM-SNACK

HANDVOLL ERDBEEREN   MEERSALZ   HONIG (VORZUGSWEISE ROH)   HANDVOLL FRISCHER BASILIKUM

KNUSPRIGER GRÜNKOHL

S & P

OLIVENÖL

OFENFESTE PFANNE

200°C   10 MIN

2 HANDVOLL
GRÜNKOHL

SALZ &
PFEFFER

1 EL
OLIVENÖL

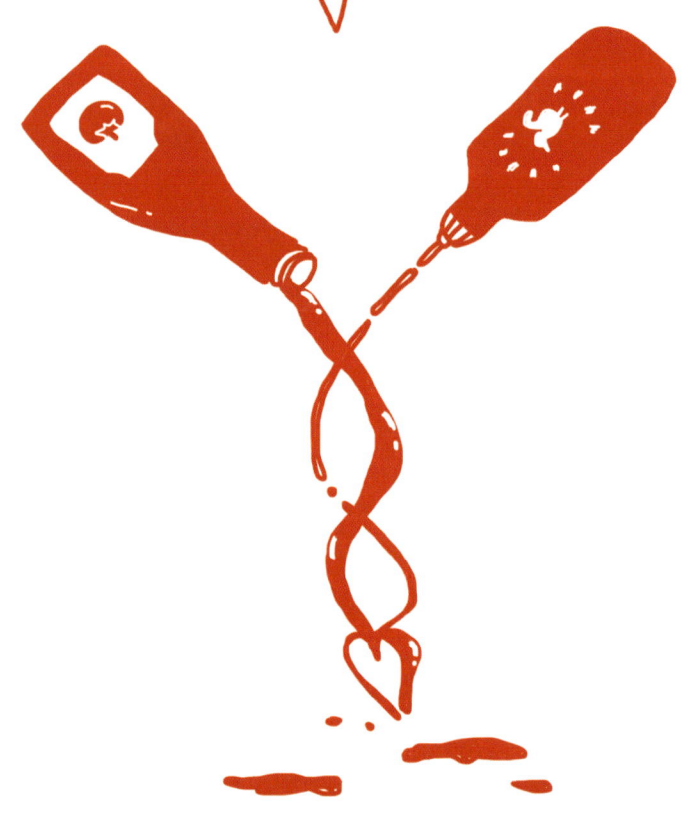

SÜßKARTOFFEL-POMMES

ZIMT

S & P

CAYENNE

OLIVENÖL

OFENFESTE PFANNE

GUT VERMISCHEN

260°C   12 MIN

NACH 6 MIN WENDEN

SRIRACHA

KETCHUP

2 EL OLIVENÖL

KETCHUP

SRIRACHASOßE (SCHARFE CHILISOßE)

1 SÜßKARTOFFEL

1 TL CAYENNEPFEFFER

1 TL ZIMT

SALZ & PFEFFER

SOßEN & DIPS

PIKANTE TOMATENSOßE

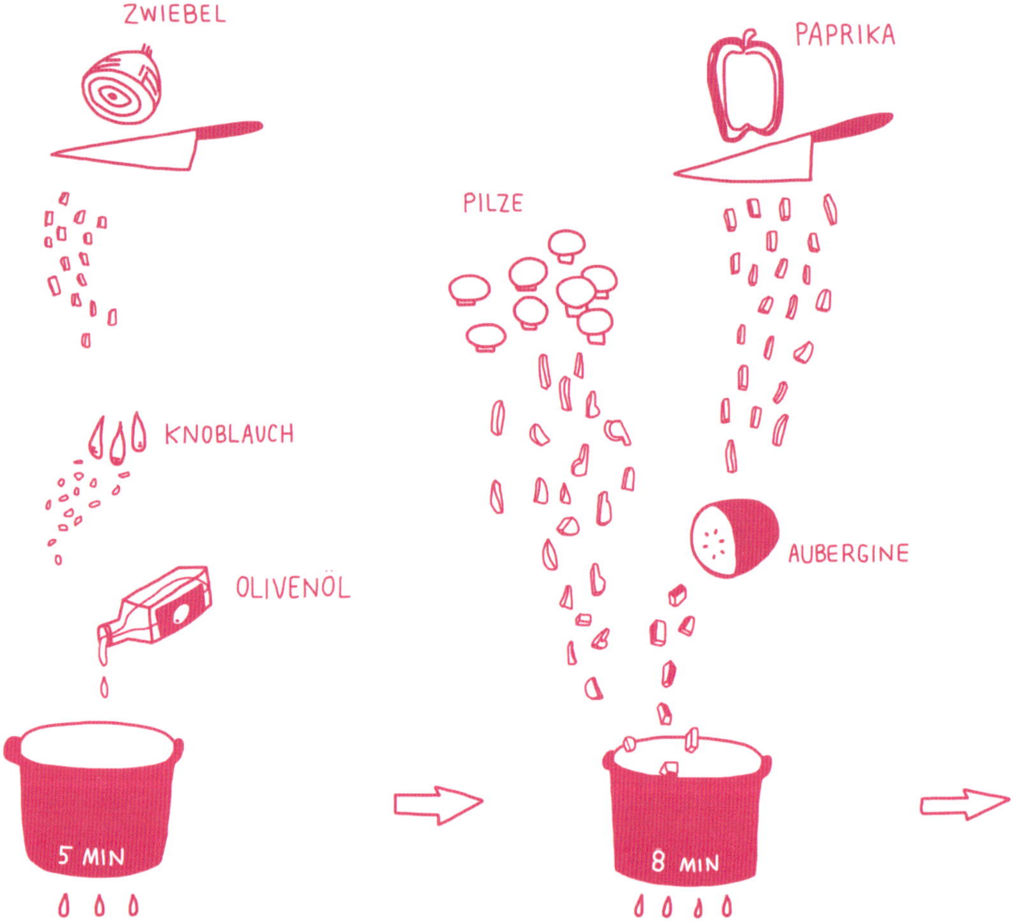

ZWIEBEL

PAPRIKA

PILZE

KNOBLAUCH

OLIVENÖL

AUBERGINE

5 MIN

8 MIN

OLIVENÖL

3
KNOBLAUCH-
ZEHEN

½ ZWIEBEL

2 TASSEN
PILZE

½
PAPRIKA

½
AUBERGINE

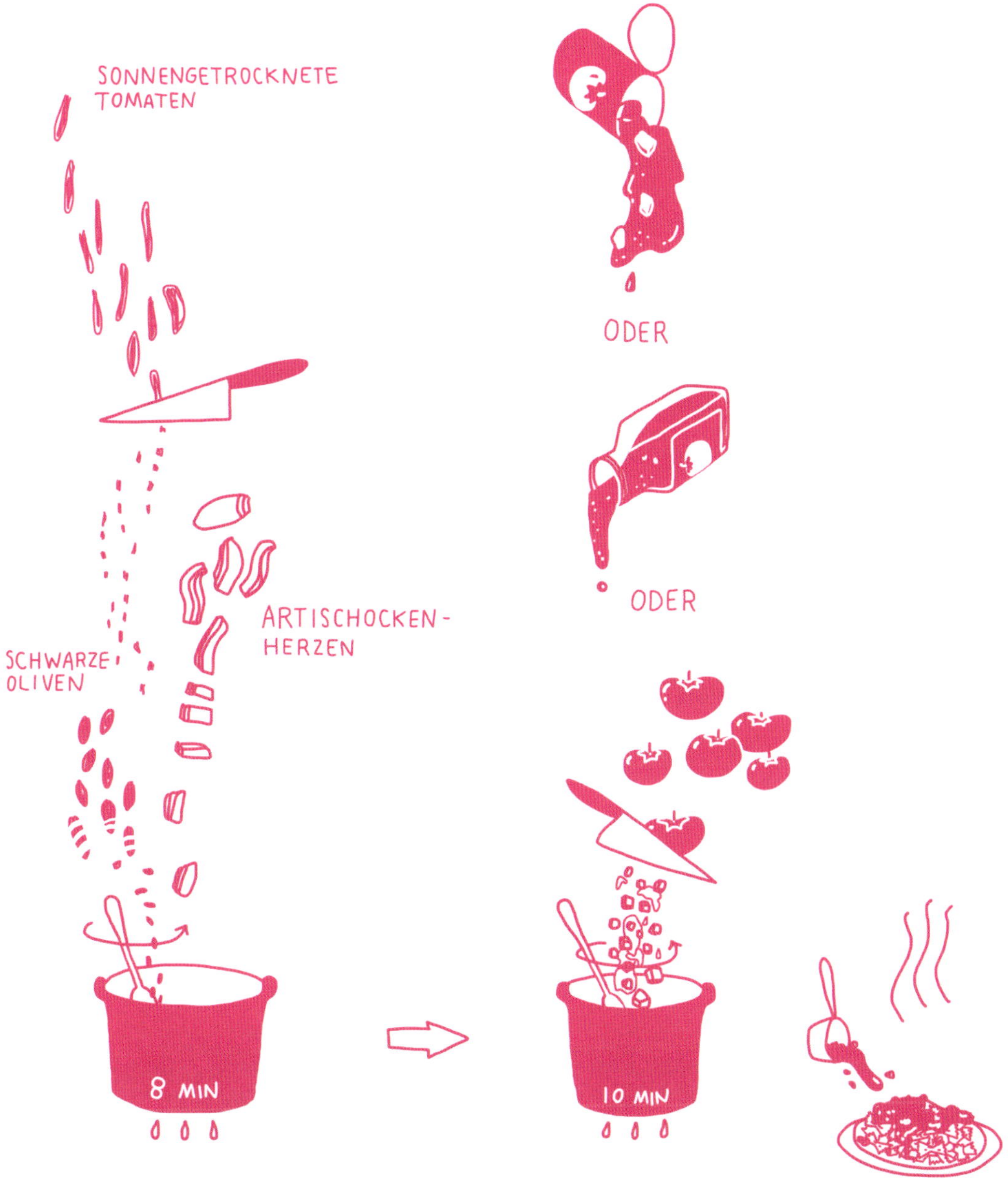

SONNENGETROCKNETE
TOMATEN

ODER

ARTISCHOCKEN-
HERZEN

SCHWARZE
OLIVEN

ODER

8 MIN

10 MIN

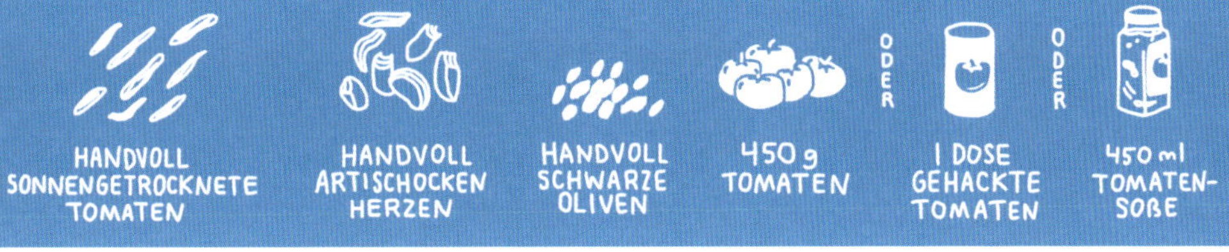

HANDVOLL
SONNENGETROCKNETE
TOMATEN

HANDVOLL
ARTISCHOCKEN
HERZEN

HANDVOLL
SCHWARZE
OLIVEN

450 g
TOMATEN

ODER

1 DOSE
GEHACKTE
TOMATEN

ODER

450 ml
TOMATEN-
SOßE

PESTO

BASILIKUM

PINIENKERNE

KNOBLAUCH

PARMESAN

OLIVENÖL

H_2O

5 HANDVOLL BASILIKUM

1 TASSE PINIENKERNE

3 KNOBLAUCH-ZEHEN

2 TASSEN PARMESAN

3 EL OLIVENÖL

3 EL H_2O

PFEFFER

78 Augenschmaus

PESTO KANNST DU
VIELSEITIG VARIIEREN.

ANSTATT MIT BASILIKUM, VERSUCH
ES MAL MIT SPINAT, BRENNNESSELN
ODER RUCOLA.

ANSTATT MIT PINIENKERNEN,
VERSUCH ES MAL MIT PISTAZIEN,
WALNÜSSEN, KÜRBISKERNEN
ODER CASHEWKERNEN.

AJI PEBRE (CHILENISCHE SALSA)

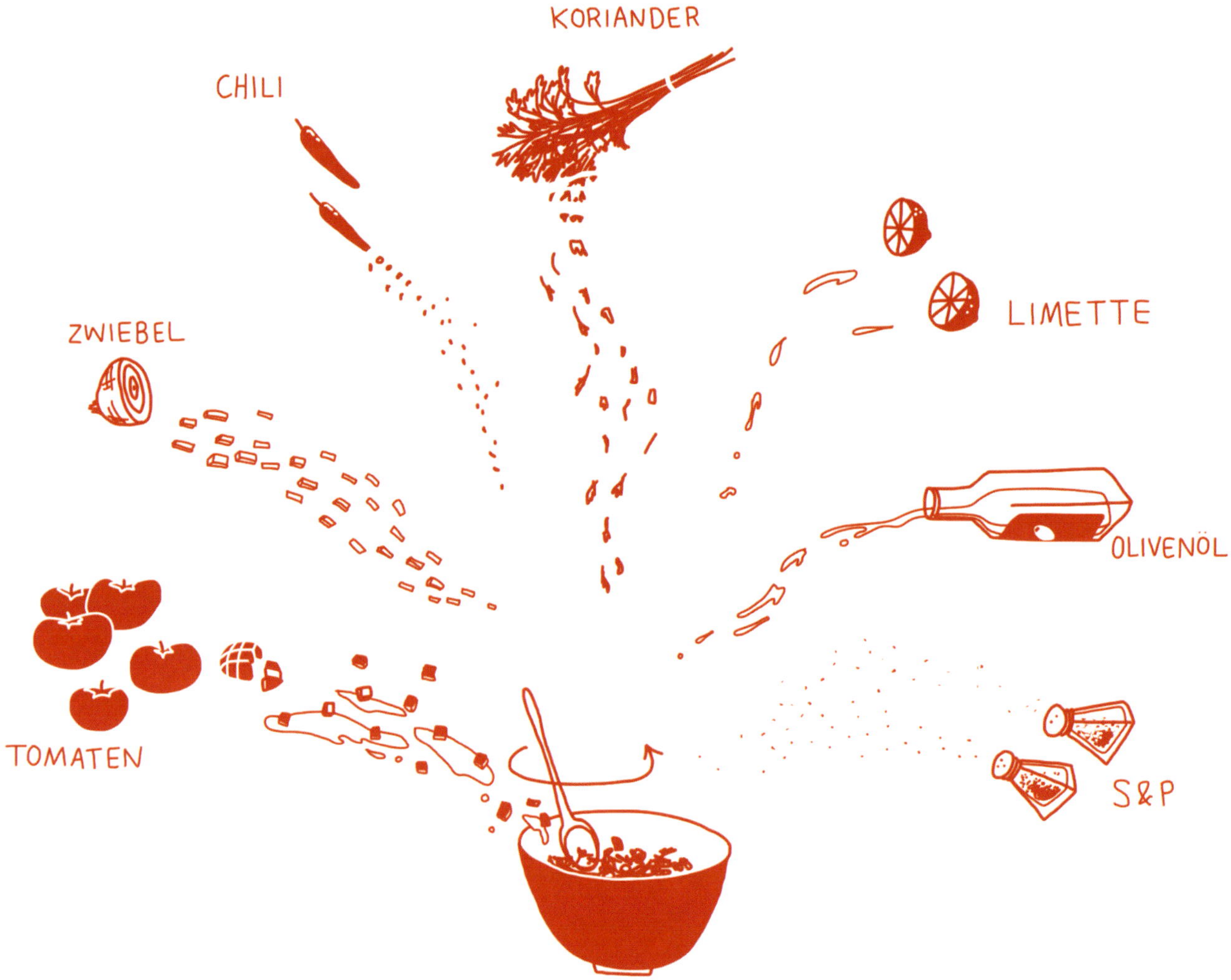

KORIANDER

CHILI

LIMETTE

ZWIEBEL

OLIVENÖL

TOMATEN

S&P

 CA. 8 TOMATEN

 1/4 GELBE ZWIEBEL

 2 SCHARFE CHILISCHOTEN

 1 BUND KORIANDER

  2 LIMETTEN

 3 EL OLIVENÖL

 SALZ & PFEFFER

NICKS SALSA VERDE

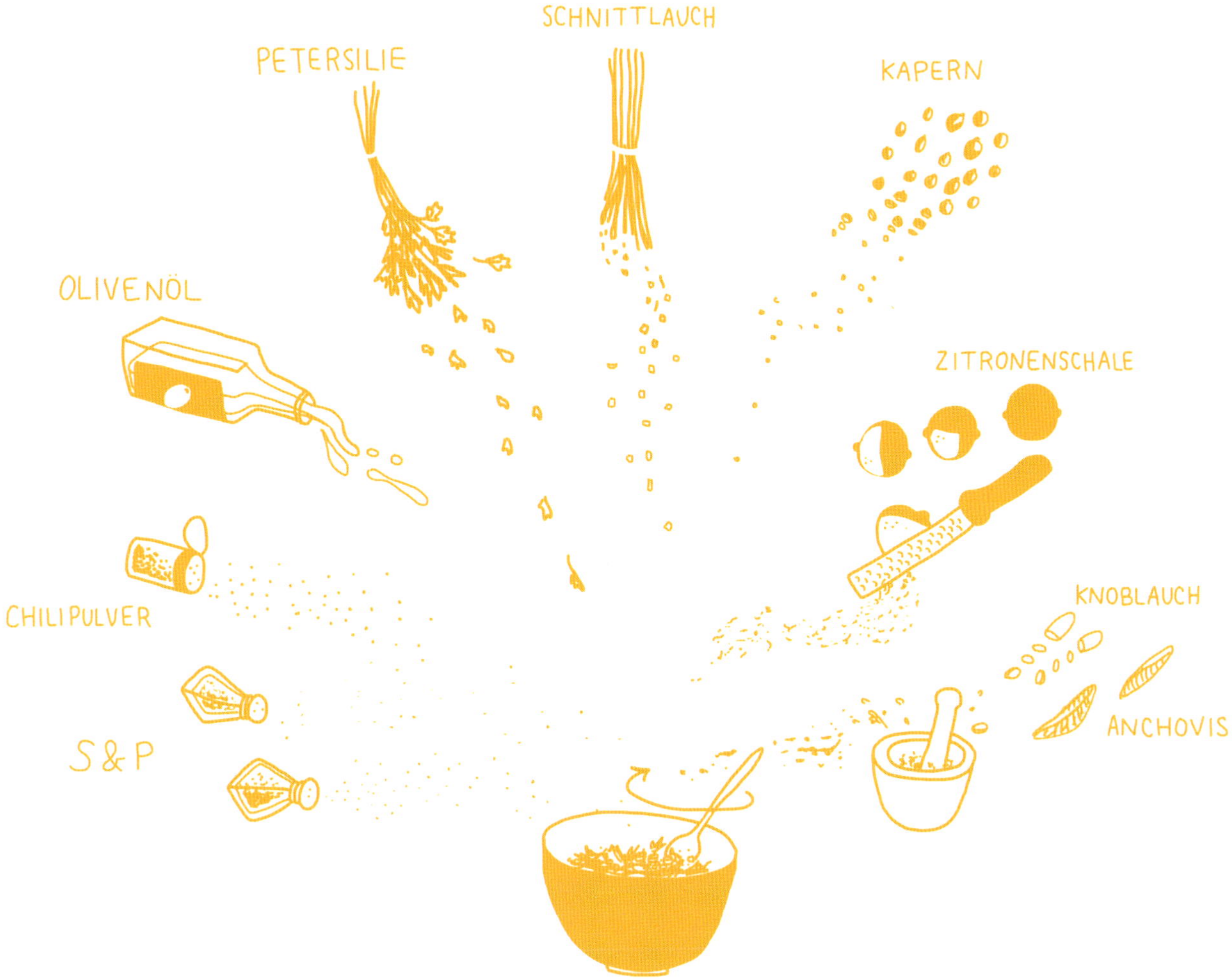

SCHNITTLAUCH

PETERSILIE

KAPERN

OLIVENÖL

ZITRONENSCHALE

KNOBLAUCH

CHILIPULVER

ANCHOVIS

S & P

| SALZ & PFEFFER | PRISE CHILIPULVER | 2 TL OLIVENÖL | HANDVOLL PETERSILIE | HANDVOLL SCHNITTLAUCH | CA. 20 KAPERN | ZITRONENSCHALE VON 4 ZITRONEN | 2 KNOBLAUCH-ZEHEN | 2 ANCHOVIS |

RUSTIKALER HUMMUS

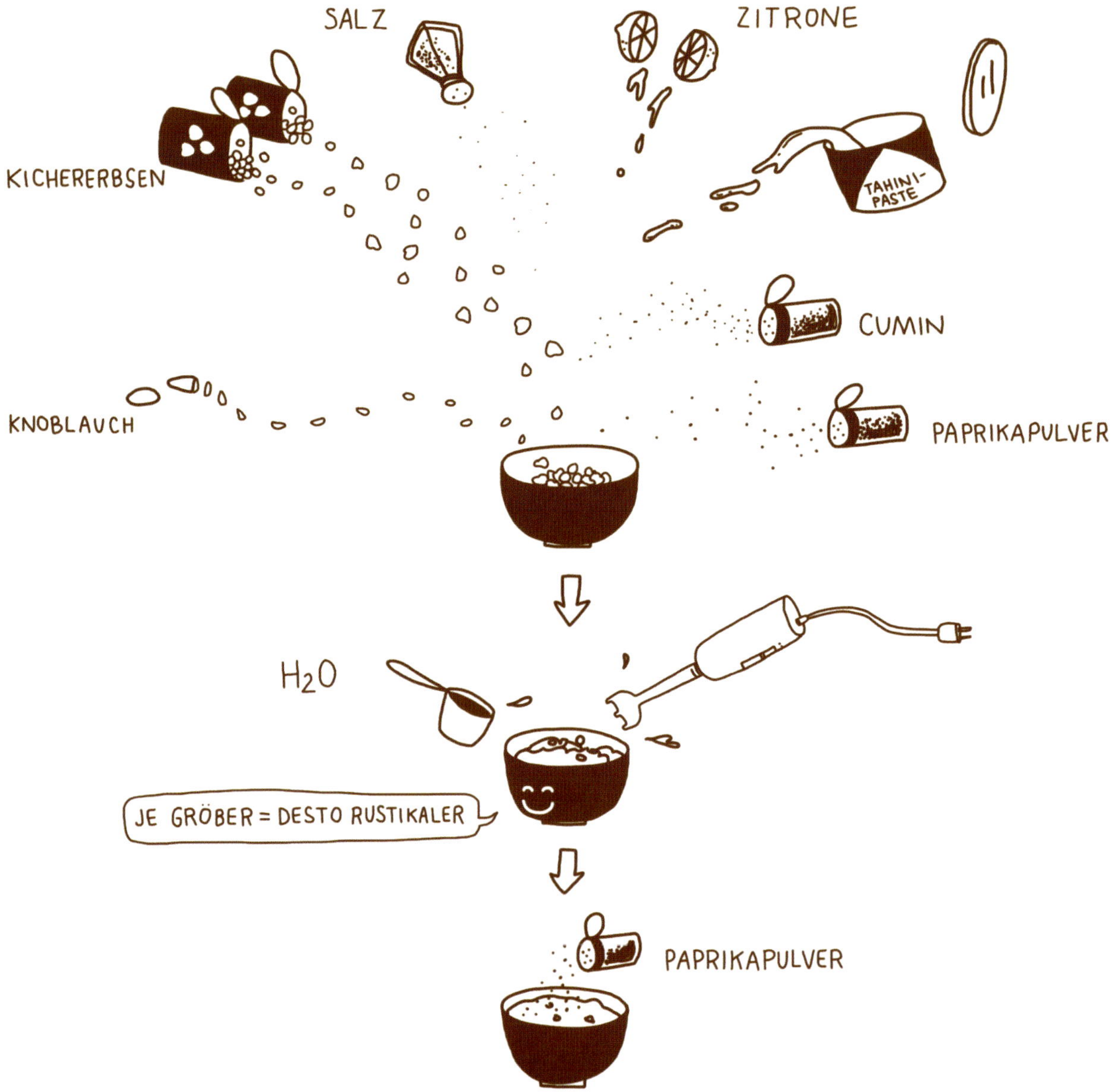

KICHERERBSEN

SALZ

ZITRONE

TAHINI-PASTE

CUMIN

PAPRIKAPULVER

KNOBLAUCH

H_2O

JE GRÖBER = DESTO RUSTIKALER

PAPRIKAPULVER

1 KNOBLAUCH-ZEHE

850 g KICHERERBSEN, ABGETROPFT

SALZ

1 ZITRONE

1 TASSE TAHINI-PASTE

PRISE CUMIN

2 PRISEN PAPRIKAPULVER, VERTEILT

GROBEN SPRITZER H_2O

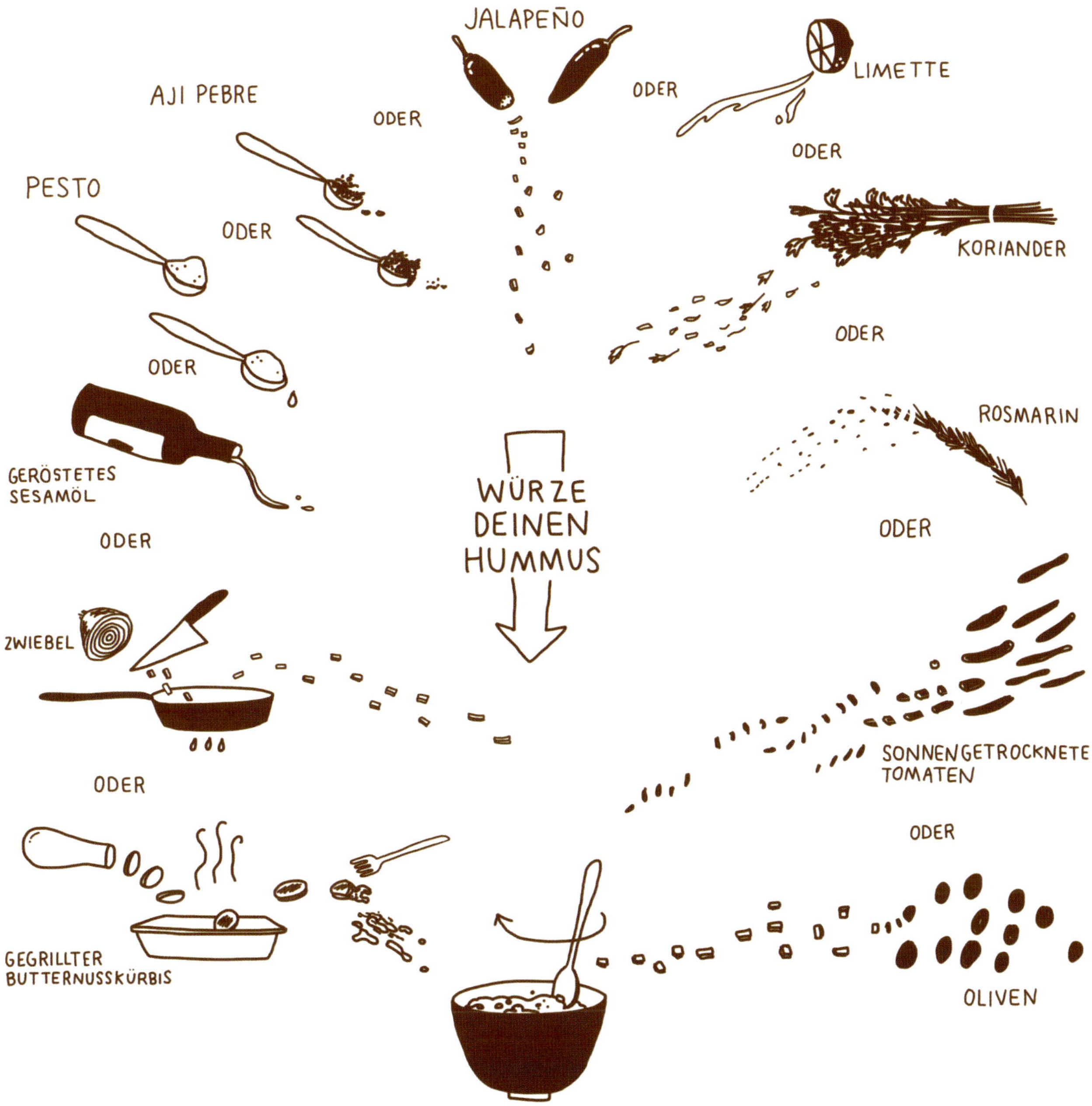
JALAPEÑO
ODER
LIMETTE
AJI PEBRE
ODER
ODER
PESTO
ODER
KORIANDER
ODER
ODER
ROSMARIN
GERÖSTETES SESAMÖL
WÜRZE DEINEN HUMMUS
ODER
ODER
ZWIEBEL
SONNENGETROCKNETE TOMATEN
ODER
ODER
GEGRILLTER BUTTERNUSSKÜRBIS
OLIVEN

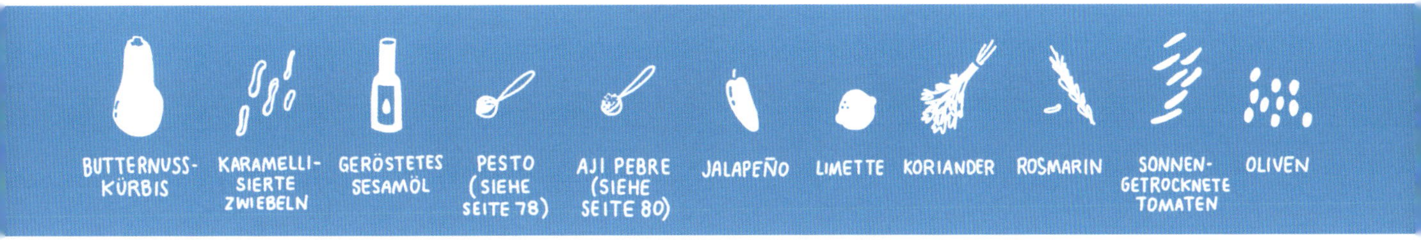
BUTTERNUSS-KÜRBIS
KARAMELLI-SIERTE ZWIEBELN
GERÖSTETES SESAMÖL
PESTO (SIEHE SEITE 78)
AJI PEBRE (SIEHE SEITE 80)
JALAPEÑO
LIMETTE
KORIANDER
ROSMARIN
SONNEN-GETROCKNETE TOMATEN
OLIVEN

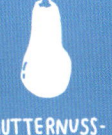

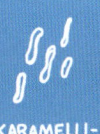

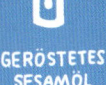

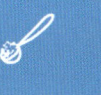

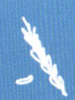

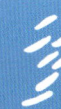

GESCHUMMELTE ERDNUSS-SOßE

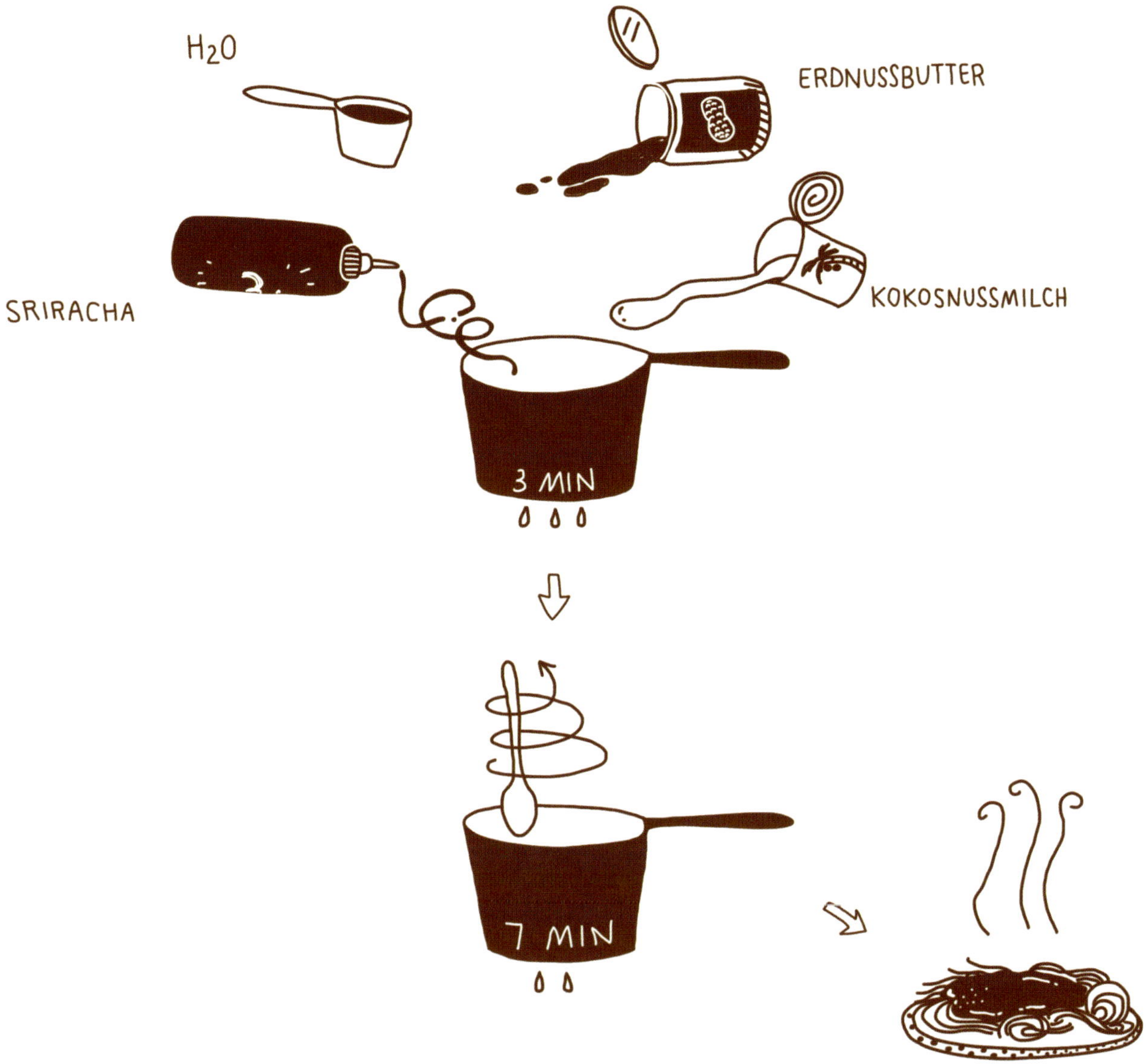

H_2O

ERDNUSSBUTTER

SRIRACHA

KOKOSNUSSMILCH

3 MIN

7 MIN

1 EL SRIRACHA (SCHARFE CHILISOßE)

1 TASSE H_2O

3 EL CREMIGE ERDNUSSBUTTER

400 ml KOKOSNUSSMILCH

RAITA-IDEEN (INDISCHE JOGHURTSOßE)

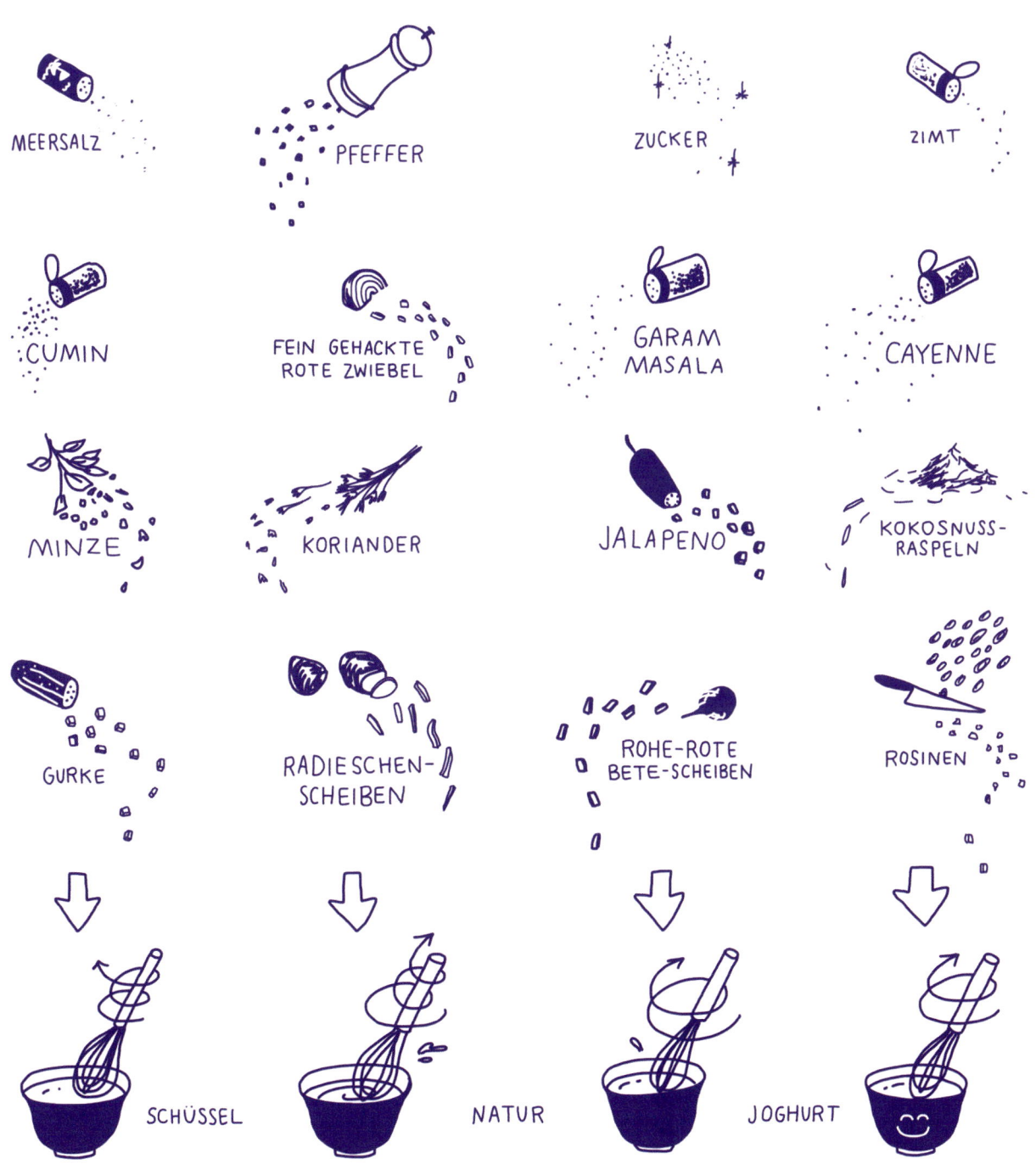

MEERSALZ

PFEFFER

ZUCKER

ZIMT

CUMIN

FEIN GEHACKTE
ROTE ZWIEBEL

GARAM
MASALA

CAYENNE

MINZE

KORIANDER

JALAPENO

KOKOSNUSS-
RASPELN

GURKE

RADIESCHEN-
SCHEIBEN

ROHE-ROTE
BETE-SCHEIBEN

ROSINEN

SCHÜSSEL

NATUR

JOGHURT

GETRÄNKE

INGWERTEE

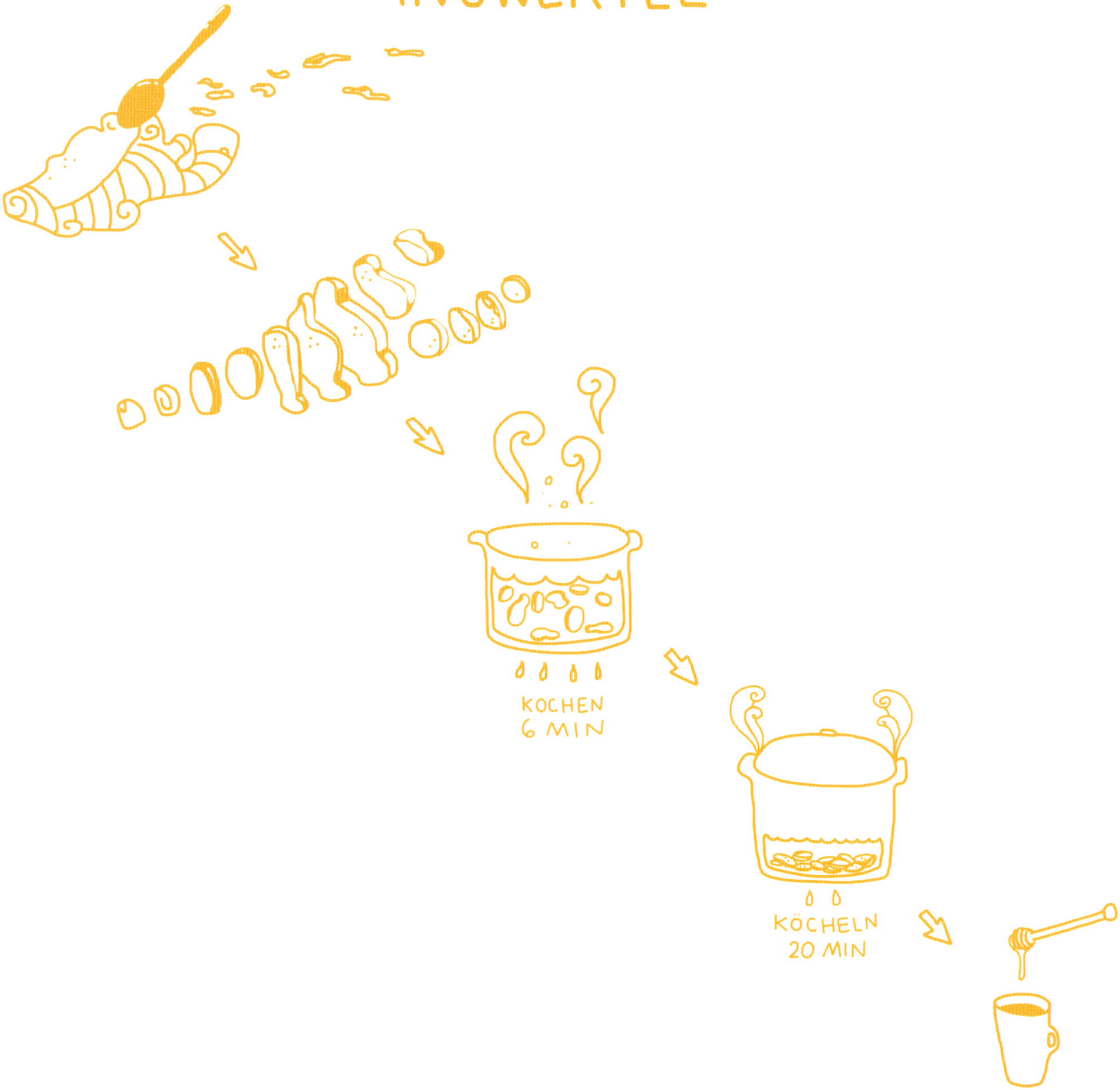

KOCHEN
6 MIN

KÖCHELN
20 MIN

ECHTER CHAI

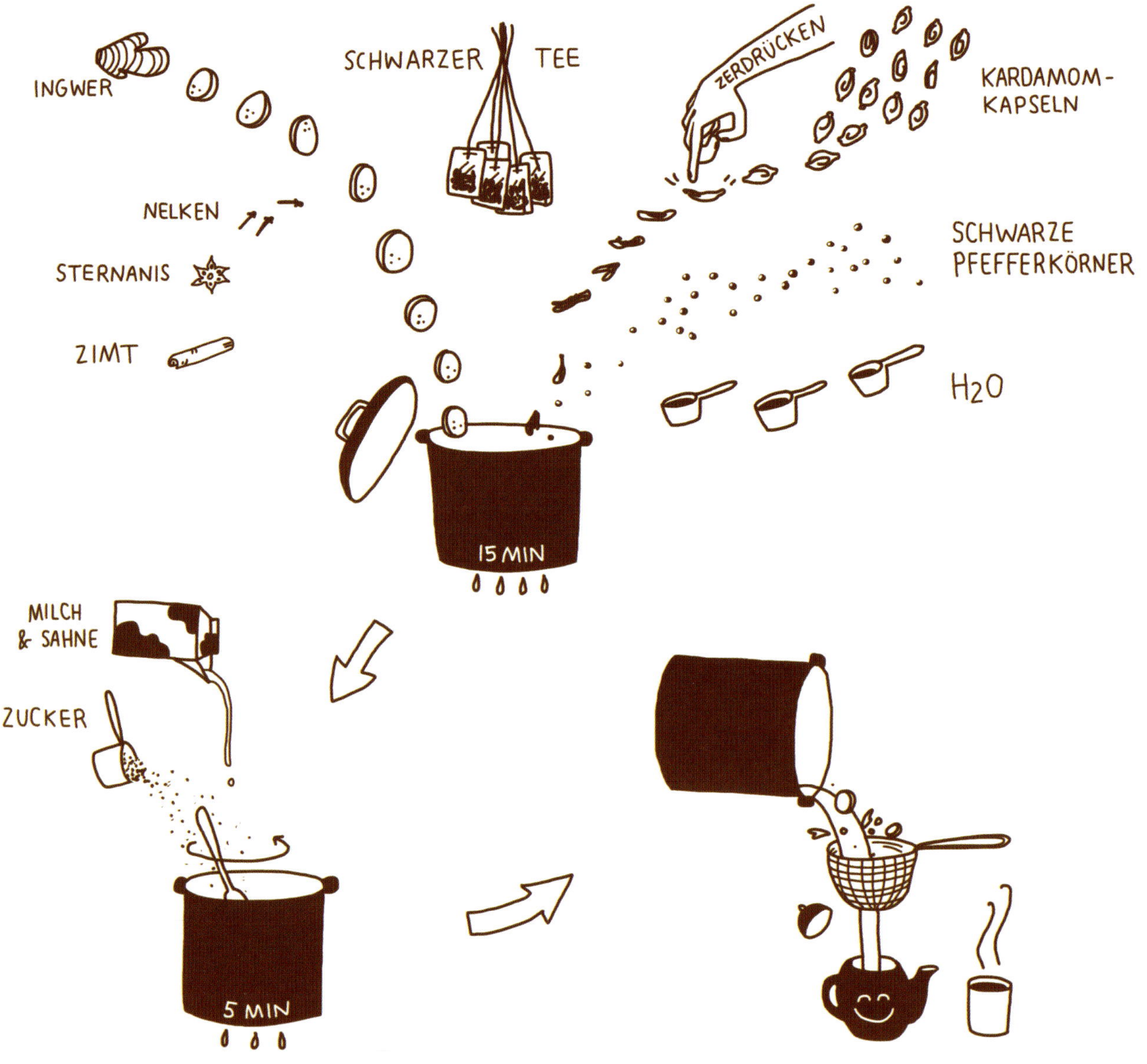

INGWER

SCHWARZER TEE

ZERDRÜCKEN

KARDAMOM-KAPSELN

NELKEN

STERNANIS

ZIMT

SCHWARZE PFEFFERKÖRNER

H_2O

15 MIN

MILCH & SAHNE

ZUCKER

5 MIN

 I STANGE ZIMT

 1 STERNANIS

 3 NELKEN

 ½ INGWER-KNOLLE

 CA. 5 BEUTEL SCHWARZER TEE

 GROßE HANDVOLL KARDAMOM-KAPSELN

  I EL GANZE SCHWARZE PFEFFERKÖRNER

  3 TASSEN H_2O

  2 TASSEN HALF & HALF (½ SAHNE ½ VOLLMILCH)

 ½ TASSE ZUCKER

SONNEN-TEE

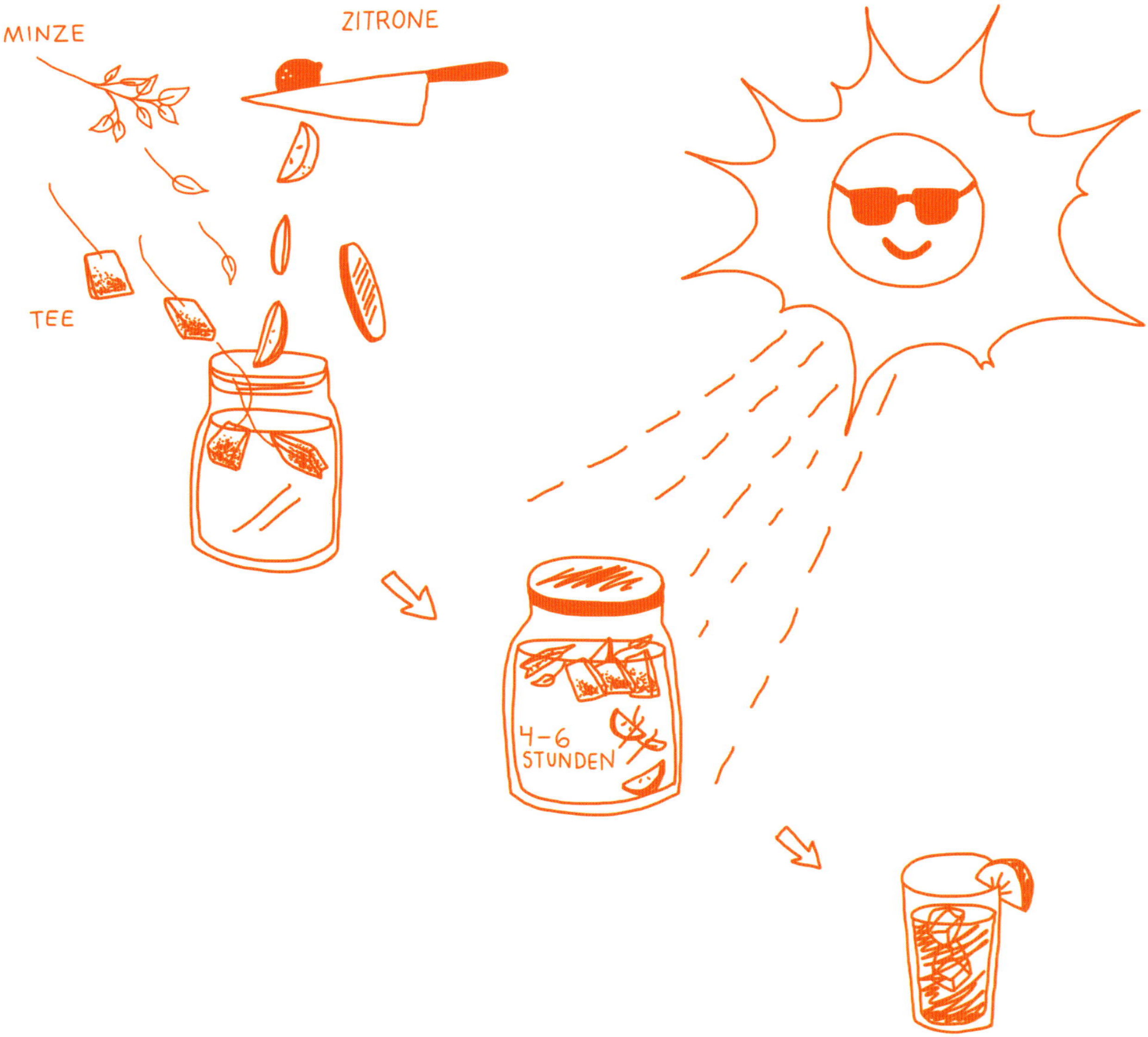
MINZE
ZITRONE
TEE
4-6
STUNDEN

1 WARMER SOMMERTAG

GROßES EINMACHGLAS MIT DECKEL, MIT H_2O GEFÜLLT

3 BIS 5 TEEBEUTEL

1 ZITRONE

1 ZWEIG MINZE

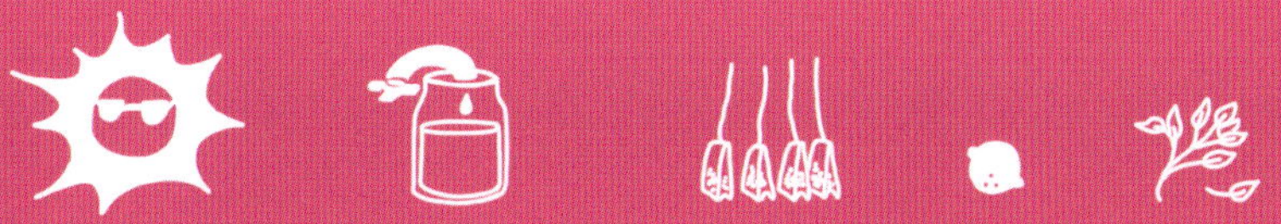

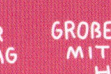

KLASSISCHE NEW YORKER EIERSAHNE

MILCH

SODAWASSER

SCHOKO-
SIRUP

EIERSAHNE ENTHÄLT KEINE
EIER UND KEINE SAHNE.

¼ GLAS
VOLLMILCH

½ GLAS
SODAWASSER

2 EL
SCHOKOLADENSIRUP

WUNDER-SMOOTHIE

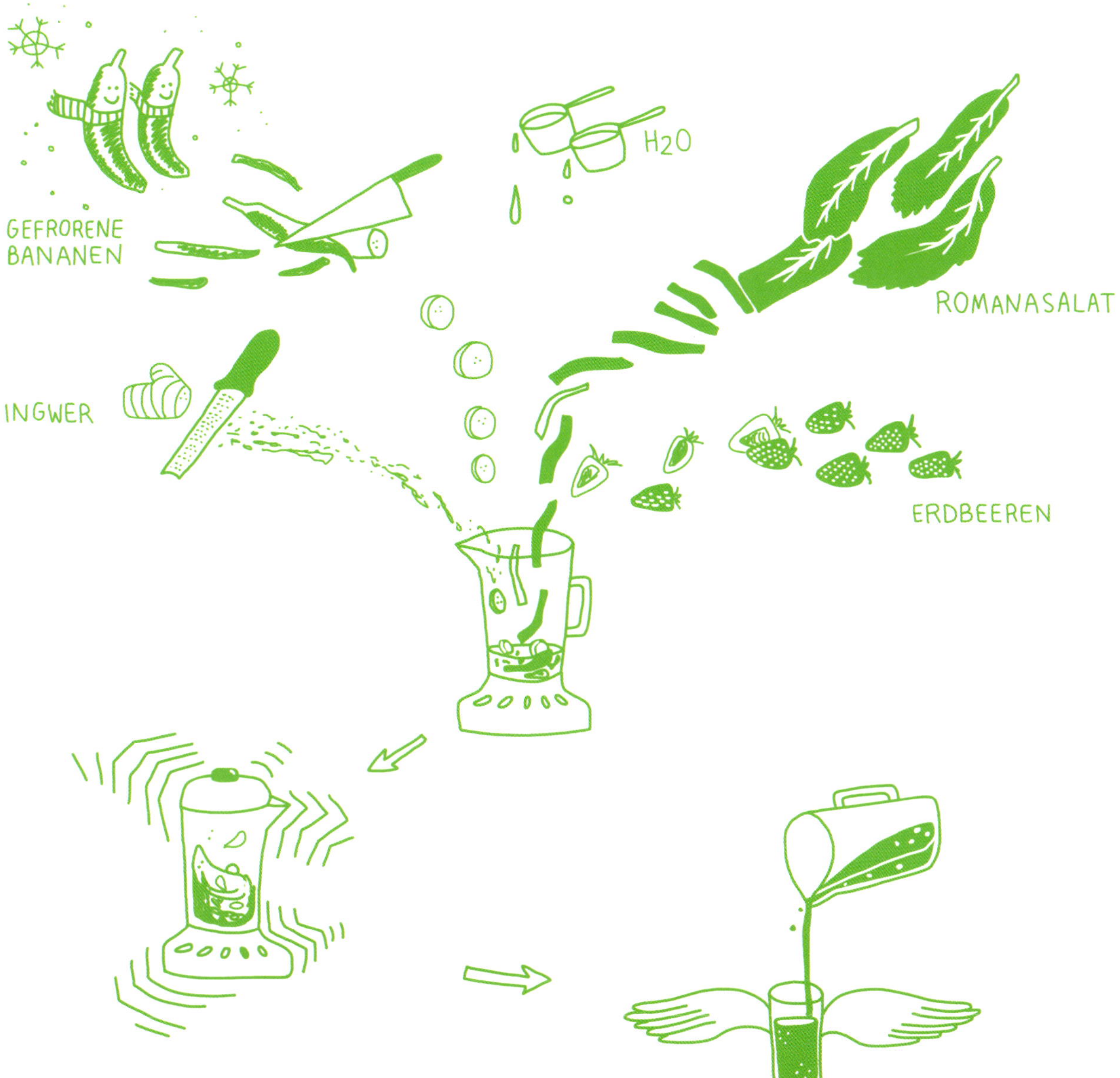

GEFRORENE BANANEN

H2O

ROMANASALAT

INGWER

ERDBEEREN

I TL GERIEBENER INGWER

2 GEFRORENE BANANEN

2 TASSEN H2O

CA. 8 BLÄTTER ROMANASALAT

HANDVOLL ERDBEEREN MIT STRUNK

EIN TIPP FÜR DICH:
MACH DEINEN SMOOTHIE
MIT KOKOSNUSSMILCH
ODER JOGHURT ANSTATT
MIT MILCH, FÜR EINEN
BESONDEREN GESCHMACK.

POPS SMOOTHIE

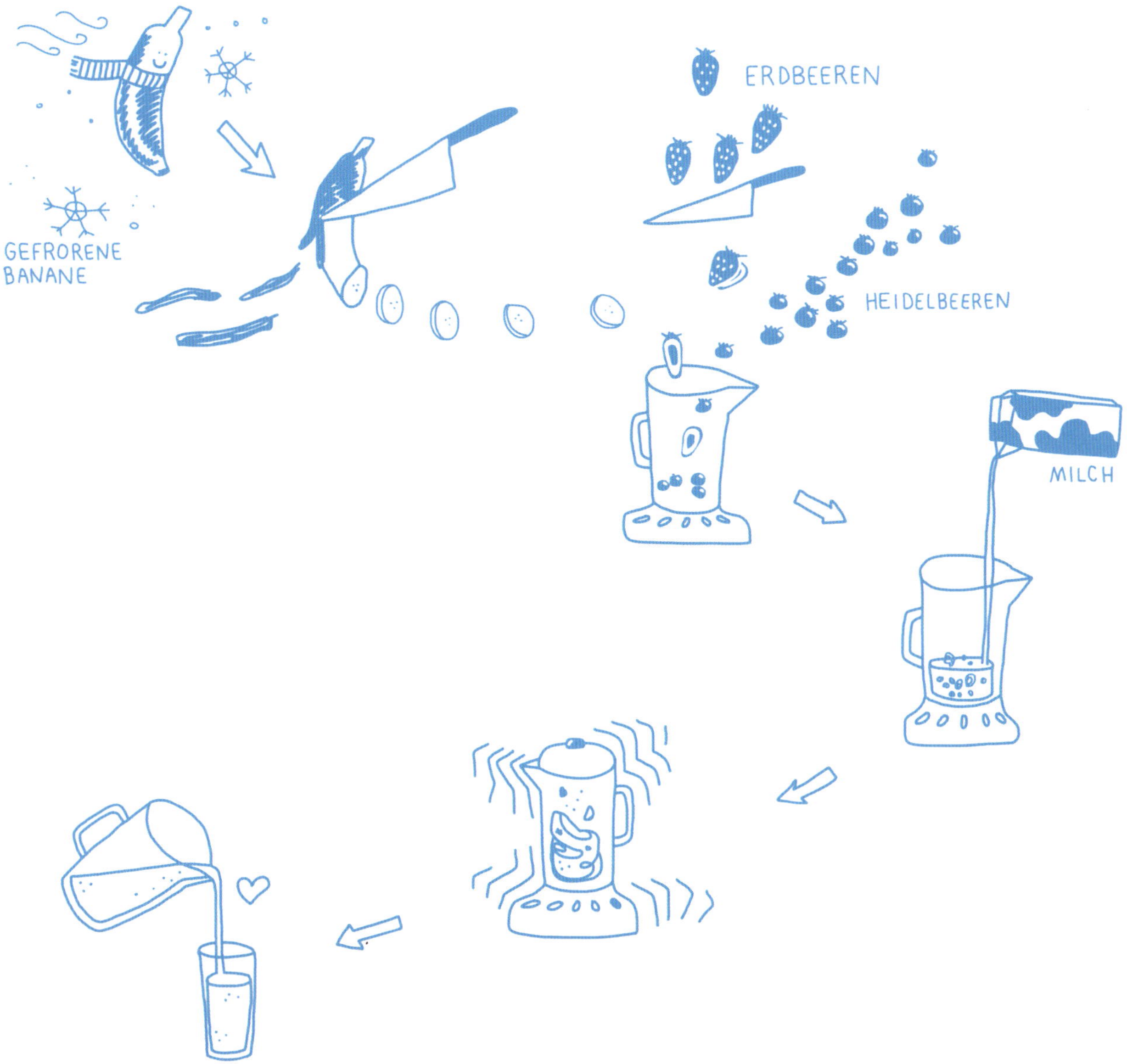
GEFRORENE BANANE
ERDBEEREN
HEIDELBEEREN
MILCH

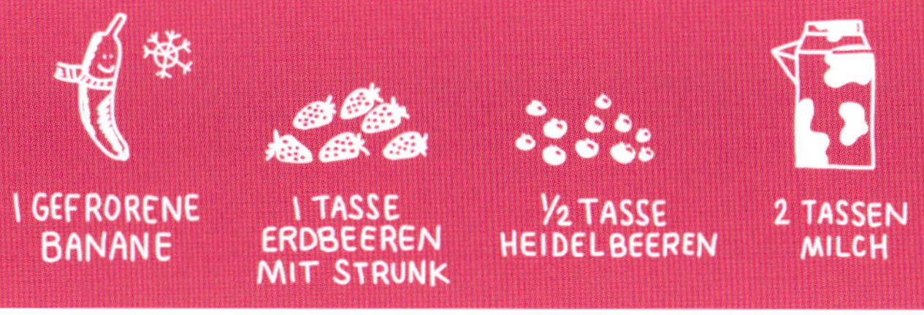
1 GEFRORENE BANANE
1 TASSE ERDBEEREN MIT STRUNK
½ TASSE HEIDELBEEREN
2 TASSEN MILCH

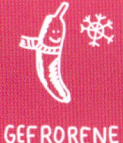

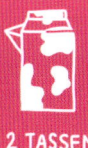

NACHTISCH

STACEYS HEIDELBEER-COBBLER

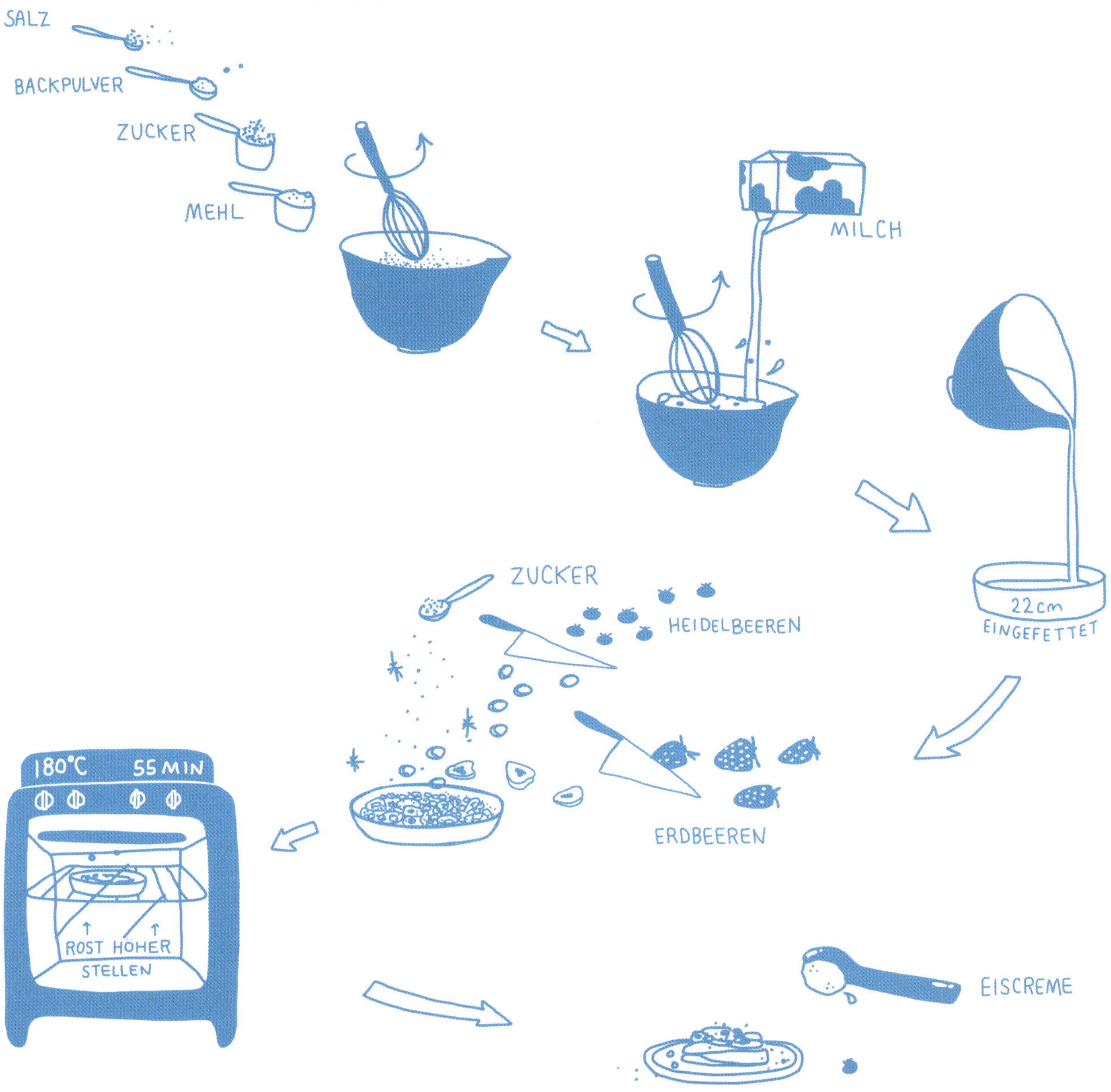

SALZ

BACKPULVER

ZUCKER

MEHL

MILCH

22 cm
EINGEFETTET

ZUCKER

HEIDELBEEREN

ERDBEEREN

180°C   55 MIN

ROST HÖHER
STELLEN

EISCREME

PRISE
SALZ

1 TL
BACK-
PULVER

3/4 TASSE ZUCKER
PLUS 1 EL ZUM
BESTÄUBEN

3/4 TASSE
MEHL

3/4 TASSE
FETTARME
MILCH

2 TASSEN
ERDBEEREN

2 TASSEN
HEIDELBEEREN

VANILLEEIS

RUPERTS SCHOKOLADENKUCHEN

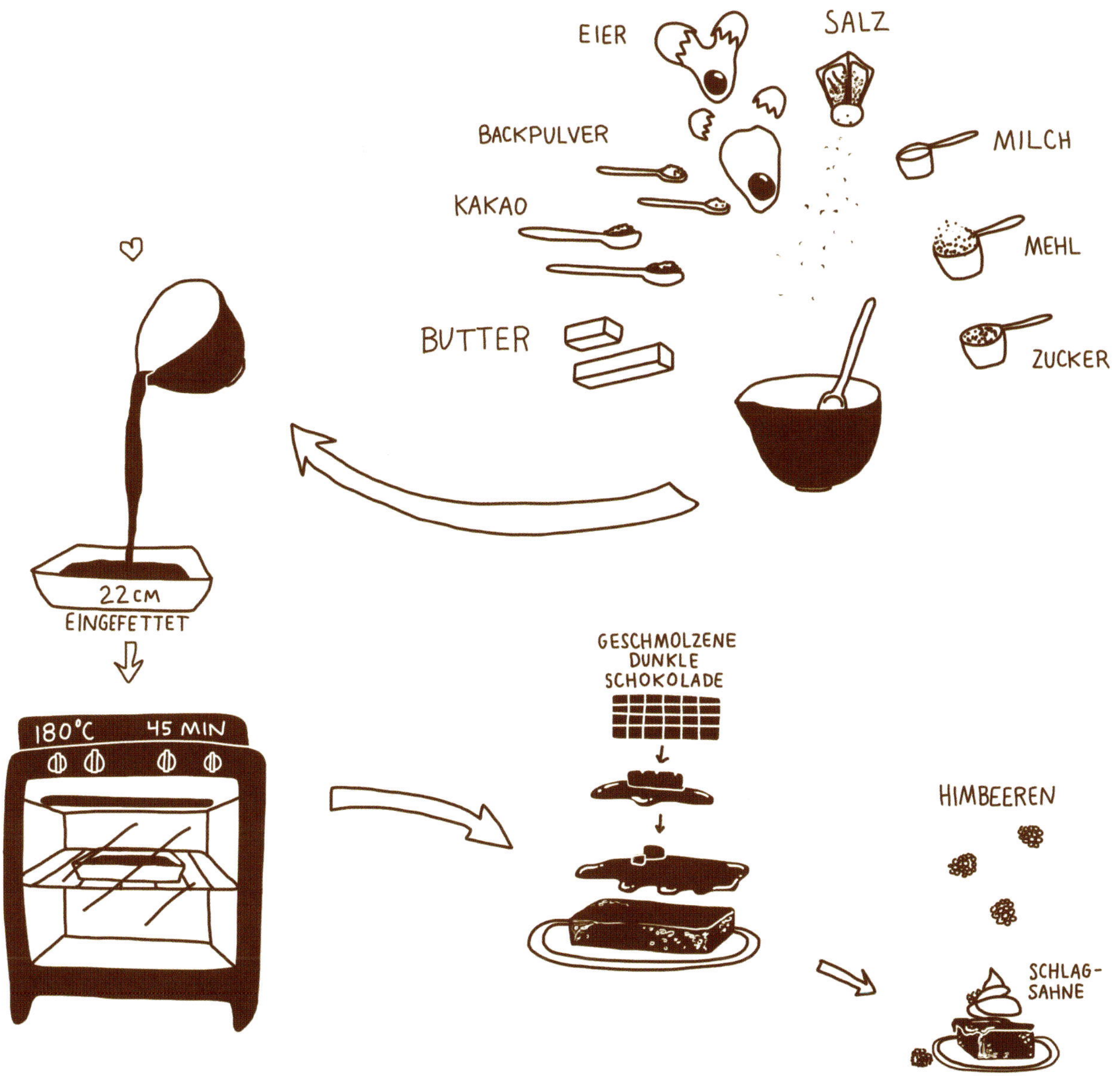

EIER

SALZ

BACKPULVER

MILCH

KAKAO

MEHL

BUTTER

ZUCKER

22 CM
EINGEFETTET

180°C   45 MIN

GESCHMOLZENE
DUNKLE
SCHOKOLADE

HIMBEEREN

SCHLAG-
SAHNE

170 g
BUTTER

2 EL
KAKAO

2 EL
BACKPULVER

2
EIER

PRISE
SALZ

1 TASSE
MILCH

1 TASSE
MEHL

1 TASSE
ZUCKER

TAFEL DUNKLE SCHOKOLADE,
SCHLAGSAHNE &
HIMBEEREN

SÜßER KUGEL (JÜDISCHER AUFLAUF)

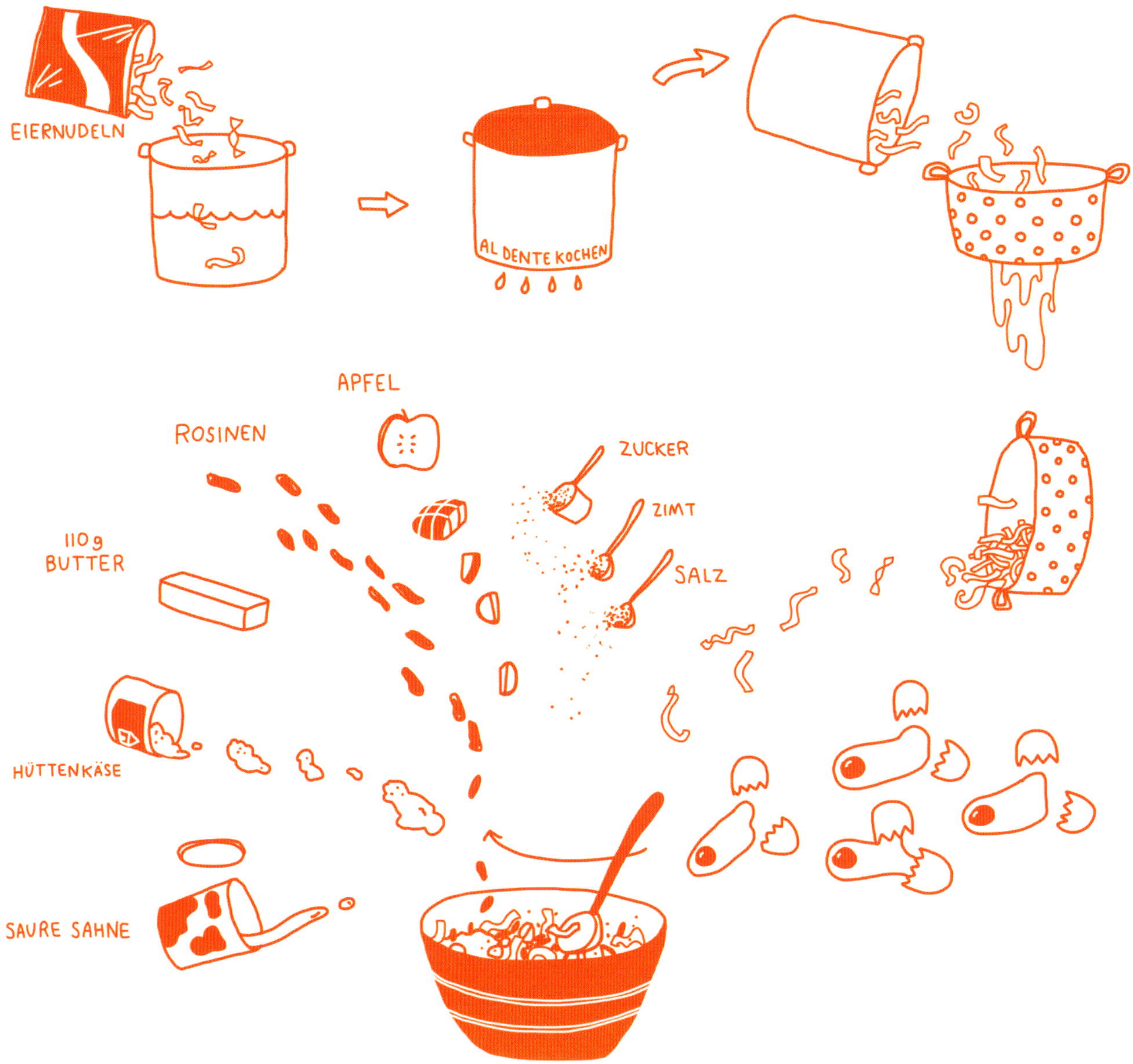

EIERNUDELN

AL DENTE KOCHEN

ROSINEN

APFEL

ZUCKER

ZIMT

SALZ

110 g BUTTER

HÜTTENKÄSE

SAURE SAHNE

1 BEUTEL EIERNUDELN

2 TASSEN SAURE SAHNE

1/4 TASSE HÜTTEN-KÄSE

170 g BUTTER

1 TASSE ROSINEN

1 GALA-APFEL

60 g BUTTER

BRAUNER ZUCKER

CORNFLAKES

ZERBRÖSELN

175°C   1 STUNDE

¼ TASSE
WEIßER ZUCKER

1 TL
ZIMT

1 TL
SALZ

4 EIER

½ TASSE
BRAUNER ZUCKER

2 TASSEN
CORNFLAKES

KANDIERTER INGWER

KRISTALLZUCKER

20 MIN

GROBER ZUCKER

DEN INGWERSIRUP AUFBEWAHREN FÜR SODAWASSER, TEE ODER PFANNKUCHEN ...

ÜBER NACHT TROCKNEN LASSEN

TOPF MIT INGWERTEE-RESTEN

TOPF MIT H2O AUFFÜLLEN

2 TASSEN KRISTALL-ZUCKER

GROBER ZUCKER ZUM BESTREUEN

GRACES KIWI-PAVLOVA

EIWEISS

SALZ

NACH UND NACH JE 2 EL ZUCKER HINZUFÜGEN

MALZESSIG

BACKBLECH EINFETTEN

HOCH AUFHÄUFEN

GASOFEN

AUF 230°C VORHEIZEN UND DIE PAVLOVA REINTUN, DANN DEN OFEN AUSSCHALTEN UND 90 MIN WARTEN, OHNE NACHZUSCHAUEN.

ELEKTRISCHER OFEN

RUHEN LASSEN

NICHT DIE TÜR ÖFFNEN!!

AUF 180°C VORHEIZEN UND DIE PAVLOVA REINTUN, 45 MIN WARTEN, DANN DEN OFEN AUSSCHALTEN, WEITERE 45 MIN WARTEN, OHNE NACHZUSCHAUEN.

HIMBEEREN

KIWI

SCHLAG-SAHNE

6 EIWEISS

PRISE SALZ

12 EL ZUCKER

2 EL MALZESSIG ODER Z.B. APFELESSIG

BUTTER

2 HANDVOLL HIMBEEREN

4 KIWIS

SCHLAG-SAHNE

BANANENBROT

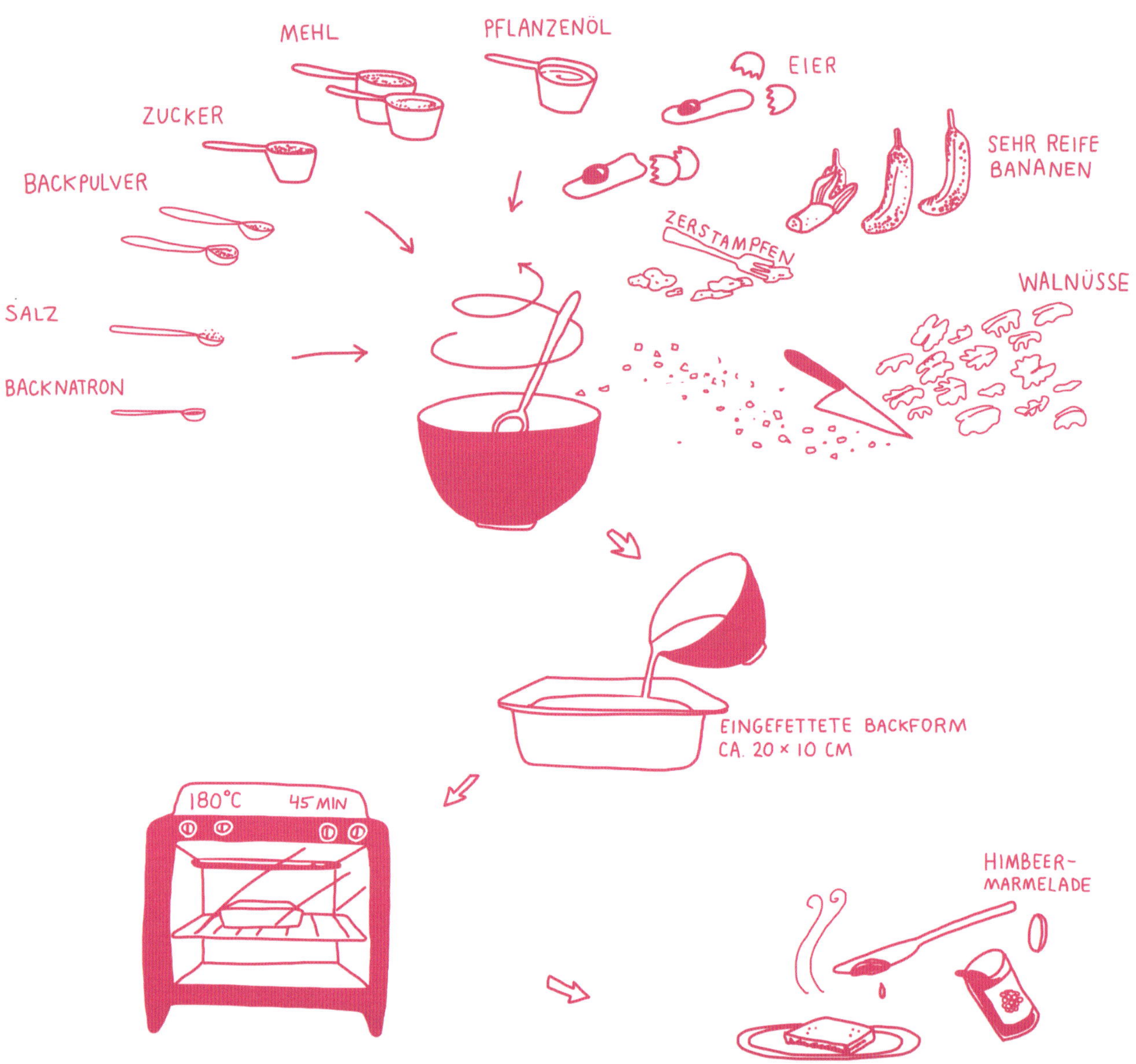

MEHL

PFLANZENÖL

EIER

ZUCKER

SEHR REIFE BANANEN

BACKPULVER

ZERSTAMPFEN

WALNÜSSE

SALZ

BACKNATRON

EINGEFETTETE BACKFORM
CA. 20 × 10 CM

180°C   45 MIN

HIMBEER-
MARMELADE

 ¼ TL BACK-NATRON

  ½ TL SALZ

 2 TL BACK-PULVER

⅔ TASSE ZUCKER

1 ¾ TASSEN MEHL

 ¾ TASSE PFLANZENÖL

 2 EIER

 3 SEHR REIFE BANANEN

   1 TASSE GEHACKTE WALNÜSSE

 HIMBEER-MARMELADE

AFFOGATO (ITALIENISCHER NACHTISCH)

ZIMT

DUNKLE SCHOKO

WALNÜSSE

MEERSALZ

MANDELN

EISCREME

ESPRESSO

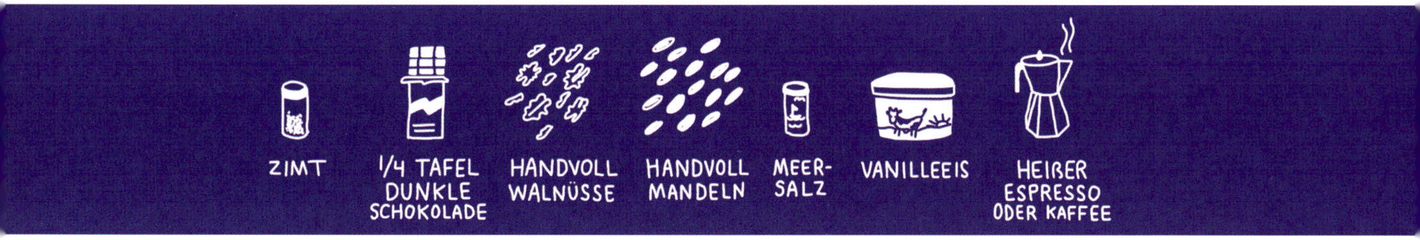

ZIMT

1/4 TAFEL DUNKLE SCHOKOLADE

HANDVOLL WALNÜSSE

HANDVOLL MANDELN

MEER-SALZ

VANILLEEIS

HEISSER ESPRESSO ODER KAFFEE

REISPUDDING

ROSINEN

10 MIN

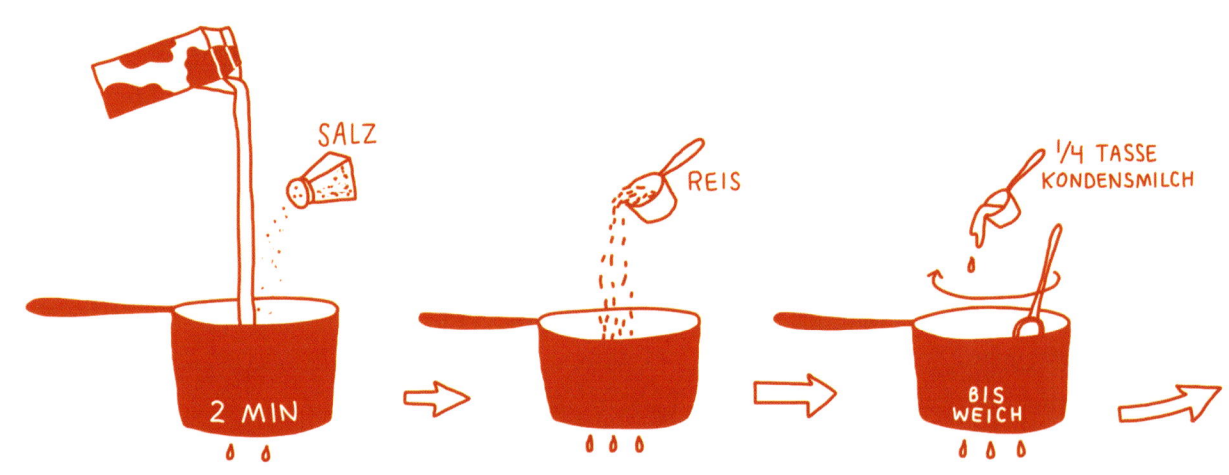

SALZ

2 MIN

REIS

1/4 TASSE KONDENSMILCH

BIS WEICH

1 TASSE ROSINEN

1/2 TOPF H2O

1 LITER MILCH

PRISE SALZ

1 TASSE UNGEKOCHTER WEIBER REIS

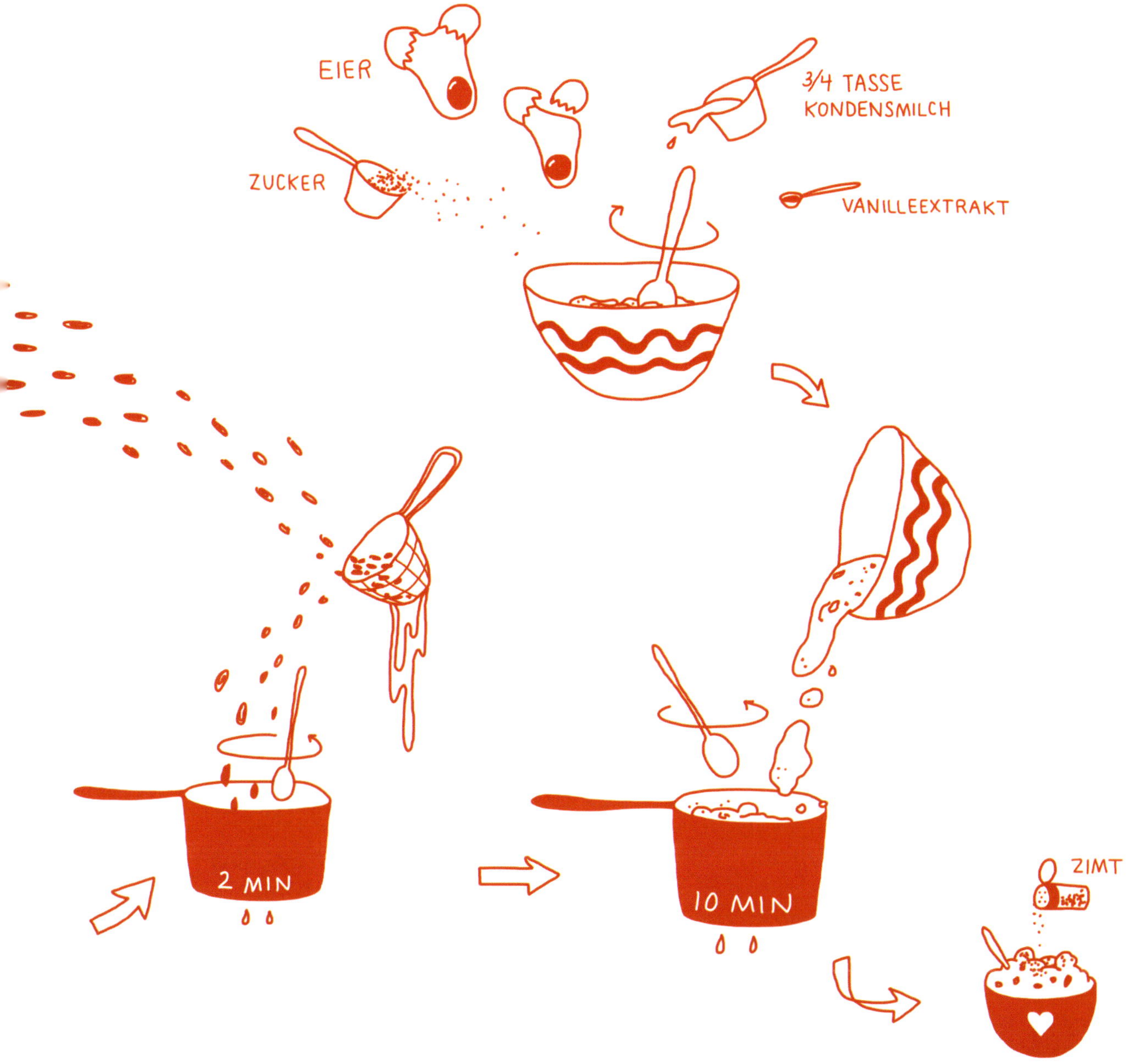
EIER
3/4 TASSE KONDENSMILCH
ZUCKER
VANILLEEXTRAKT
2 MIN
10 MIN
ZIMT

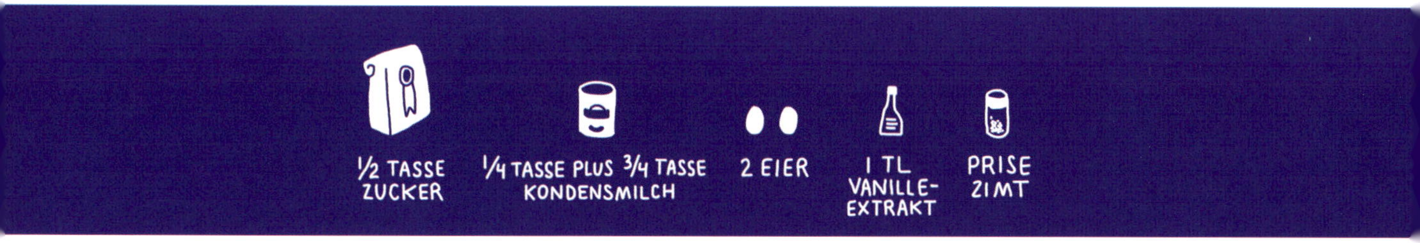
1/2 TASSE ZUCKER
1/4 TASSE PLUS 3/4 TASSE KONDENSMILCH
2 EIER
1 TL VANILLE-EXTRAKT
PRISE ZIMT

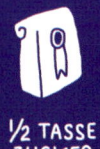

REGISTER

• VEGETARISCHE REZEPTE
• VEGANE REZEPTE
• GLUTENFREIE REZEPTE
• REZEPTE OHNE MILCHPRODUKTE
• REZEPTE OHNE ZUCKER

DANKSAGUNG

KATIE WÜRDE GERN FOLGENDEN LEUTEN DANKEN

REZEPT-TESTER
ALICE RIEGERT, AMANDA KESNER, BEN WEISGALL, BETTY FURMAN,
DEENA SCHWARTZ, HANNAH HILES, KAITLIN KALL, MARIANNA SICILIANO,
LAUREN HARRISON & RUSSELL PERKINS

REZEPT-SPENDER
ANN SHELLY, ARIELLA THORNHILL, AURORA THORNHILL, BEN WEISGALL,
CHERYL EDSON, CHELSEA WHITE, CHINO KIM, ELIZABETH MCCLELLAN,
FRANCIS WEISS RABKIN, GRACE & RUPERT CHAN, JOSÉ CORTÉS VALENZUELA,
KAITLIN KALL, KATE GAVRIEL, MARLO LONGLEY, NICK PERKINS,
STACEY CUSHNER & TRAVIS FITZGERALD

ÜBER-HELFER
ANNA WIENER, LEAH CAMPBELL, NICK FRIEDMAN, NICK PERKINS, PAM HORN,
RUSSELL PERKINS & STACEY CUSHNER

UND NATÜRLICH
MOM & DAD, ANNIE & BILLY

HINTERGRÜNDE
GEWINNSPIELE
VERANSTALTUNGEN
AKTIONEN
DISKUSSIONEN
NEUIGKEITEN

Alle aktuellen
Infos zu
unseren
Titeln

www.facebook.com / EdenBooksBerlin

www.edenbooks.de
hallo@edenbooks.de

HILFREICHE UMRECHNUNGSTABELLE

°F	°C
500	260
450	230
425	220
400	200
350	180
275	135

1 TL WASSER = 5 ml

1 EL WASSER = 15 ml

$\frac{1}{4}$ TASSE WASSER = 60 ml

$\frac{1}{2}$ TASSE WASSER = 120 ml

1 TASSE WASSER = 240 ml

1 TASSE HAFERFLOCKEN = 85 g

1 TASSE ROHE PILZE = 100 g

1 TASSE NÜSSE = 128 g

1 TASSE ROSINEN = 165 g

1 TASSE GEKOCHTER REIS = 175 g

1 TASSE UNGEKOCHTER REIS = 185 g

1 TL MEHL = 3 g

1 EL MEHL = 9 g

1 TASSE MEHL = 150 g

1 TL ZUCKER = 4 g

1 EL ZUCKER = 12 g

1 TASSE ZUCKER = 200 g